中国传统体育传承发展系列丛书

中华龙舟
运动教程

高亮 主编

尤传豹 陈连朋 副主编

东南大学出版社
·南京·

内容简介

在我国种类繁多的民俗体育项目中，龙舟运动是最具代表性的项目之一，其历史之久、流传之广、规模和影响之大，是多数民俗体育项目难以比拟的。当前龙舟运动在国家大力支持与相关组织的推动下蓬勃发展，各地纷纷举办各类龙舟赛事，同时该项运动逐步实现了规则化与制度化，其教育价值、娱乐价值、健身价值、文化价值和商业价值等得到了进一步提升。该书从龙舟运动文化、龙舟运动价值、龙舟运动技术、龙舟运动战术，以及龙舟运动教学、训练、竞赛等方面进行编写。希望本教程的出版能够丰富校园体育文化，使学生在参与龙舟运动的过程中锻炼身体，掌握龙舟运动的技术和技能，并在潜移默化中认同民族文化，传承和发扬优秀民族文化，振奋民族自信心和自豪感，增强民族和国家的凝聚力。

图书在版编目（CIP）数据

中华龙舟运动教程/高亮主编．—南京：东南大学出版社，2024.12
　ISBN 978-7-5766-1111-3

Ⅰ.①中… Ⅱ.①高… Ⅲ.①龙舟竞赛-教材 Ⅳ.
①G852-9

中国国家版本馆CIP数据核字（2023）第252610号

中华龙舟运动教程
Zhonghua Longzhou Yundong Jiaocheng

主　　编	高　亮
出版发行	东南大学出版社
出 版 人	白云飞
责任编辑	姜晓乐
责任校对	子雪莲
封面设计	有品堂_宋永傲
责任印制	周荣虎
社　　址	南京市四牌楼2号　邮编：210096
网　　址	http://www.seupress.com
经　　销	全国各地新华书店
印　　刷	广东虎彩云印刷有限公司
开　　本	787mm×1092mm　1/16
印　　张	13
字　　数	232千
版　　次	2024年12月第1版
印　　次	2024年12月第1次印刷
书　　号	ISBN 978-7-5766-1111-3
定　　价	59.00元

本社图书若有印装质量问题，请直接与营销部联系调换。电话（传真）：025-83791830

前 言

2023年是全面贯彻落实党的二十大精神的开局之年，也是"十四五"规划承上启下的关键之年，更是全面推动落实《体育强国建设纲要》目标任务之年。习近平总书记指出，要抓好教材体系建设。教育要实现立德树人的宗旨，教材建设是基本。江苏省高校"青蓝工程"《民族传统体育》优秀教学团队立足于我国民族传统体育内容丰富、形式多样（据统计，中华民族的传统体育项目多达977项，其中少数民族676项、汉族301项）这一宝贵的中华民族文化遗产。基于"既要有流行较广、影响较大、竞技性特征鲜明的竞赛项目，也要有一些地域性、特色性强，表演特征显著的健身娱乐项目；既有少数民族和民族地区开展的特色项目，也有汉族和汉族地区广泛流传的项目"的民族传统体育项目选取原则，从文化、教育、健身、竞技等方面对一些具有可操作性的民族传统体育项目进行教材化建设，旨在全面落实习近平新时代中国特色社会主义思想，为教师教学提供更加丰富的资源和支撑。

在我国种类繁多的民俗体育项目中，龙舟运动是最具代表性的项目之一，其历史之久、流传之广、规模和影响之大，是多数民俗体育项目难以比拟的。龙舟运动是一项集众多划手依靠单片桨叶的划桨作为推进方式，运用肌肉力量向船后划水，推动舟船前进的运动。当前各民族的龙舟活动在国家大力支持与相关组织的推动下，各地纷纷举办各类龙舟赛事，同时该项运动逐步实现了规则化与制度化，其教育价值、娱乐价值、健身价值、文化价值和商业价值等得到了进一步提升。为更好地推广和普及龙舟运动，由高亮教授担任主编，尤传豹副研究员和陈连朋博士担任副主编，以及张春燕教授、钟明宝教授、吕艳丽教练、王梁博士、曹胡丹、张亚文、张丹、黄景洋、朱钰、王聪、谢兰兰、王媛媛、王晓玉、闫俊武、崔秀娟、李旭、刘洋等众多编写组成员，从龙舟运动文化、龙舟运动价值、龙舟运动技术、龙舟运动战术，以及龙舟运动教学、训练、竞赛等方面进行本教程编写。希望本教程的出版能够丰富校园体育文化，使学生在学习龙舟运动之中潜移默化地认同民族文化，传承和发扬优秀民族文化，振奋民族自信心和自豪感，增强民族和国家的凝聚力，在参与龙舟运动之中锻炼身体，掌握技术和技能，为加速龙舟体育文化传承人才的培养尽一份力！

  本教程在编写过程中参考和引用了大量学者的最新研究文献和研究成果，使得本书较好地适应了当前体育教育教学改革的需要，既可以作为高等院校本专科学生的教材，也可供研究生教学和研究提供学习参考。在此，表示由衷的感谢。由于编者的水平有限，书中难免出现错误和瑕疵，敬请专家和读者提出宝贵意见，以便日后修订和完善。

编　者
2023 年 9 月

目 录

第一章 中华龙舟运动概述

第一节 中华竞渡文化释义 / 003
 一、传统龙舟竞渡 / 006
 二、现代龙舟运动 / 008

第二节 中华龙舟运动的形式 / 010
 一、竞技类龙舟运动 / 010
 二、民俗类龙舟运动 / 011
 三、表演类龙舟运动 / 012

第三节 中华龙舟运动的特点 / 013
 一、历史性 / 013
 二、民族性 / 015
 三、地域性 / 017
 四、观赏性 / 018

第二章 中华龙舟运动的历史演进

第一节 古代龙舟运动的发展 / 021
 一、古代龙舟运动的历史发展 / 021
 二、古代龙舟运动的历史影响 / 025

第二节 近现代龙舟运动的发展（1840—1949年） / 026
    一、近现代龙舟运动的历史发展 / 026
    二、近现代龙舟运动的历史影响 / 028

第三节 当代龙舟运动的发展（1950—2022年） / 030
    一、当代龙舟运动的历史发展 / 030
    二、当代龙舟运动的指导思想 / 032
    三、当代龙舟运动的历史影响 / 035
    四、当代龙舟运动的前景展望 / 036
    五、中华龙舟运动的国内外研究进展 / 042

第三章 中华龙舟运动的当代价值

第一节 中华龙舟运动的多元价值 / 051
    一、体现竞合思想的体育价值 / 051
    二、传承中华文化的历史价值 / 052
    三、彰显礼仪教化的文化价值 / 054
    四、增强体质健康的健身价值 / 055
    五、提振龙舟产业的经济价值 / 056

第二节 竞技龙舟运动的当代表现 / 057
    一、竞技水平 / 057
    二、竞技规模 / 059
    三、竞技精神 / 060
    四、竞技影响 / 061

第四章 中华龙舟运动基本技术教学

第一节 划手技术与教学 / 067
    一、握桨 / 067
    二、坐姿 / 068
    三、插桨 / 070

　　　　四、拉桨 　　　　　　　　　　　　　　　　　　　　　　/ 072

　　　　五、泄水 　　　　　　　　　　　　　　　　　　　　　　/ 073

　　　　六、回桨 　　　　　　　　　　　　　　　　　　　　　　/ 074

　　第二节　鼓手技术与教学 　　　　　　　　　　　　　　　　　/ 076

　　　　一、敲鼓的方式 　　　　　　　　　　　　　　　　　　　/ 076

　　　　二、握鼓槌的技术要求 　　　　　　　　　　　　　　　　/ 077

　　　　三、易犯错误 　　　　　　　　　　　　　　　　　　　　/ 077

　　　　四、教学过程 　　　　　　　　　　　　　　　　　　　　/ 077

　　第三节　舵手技术与教学 　　　　　　　　　　　　　　　　　/ 078

　　　　一、舵手的专项技术 　　　　　　　　　　　　　　　　　/ 078

　　　　二、舵手的持舵姿态 　　　　　　　　　　　　　　　　　/ 078

　　　　三、舵手常用技术方式 　　　　　　　　　　　　　　　　/ 079

　　　　四、龙舟偏航的原因 　　　　　　　　　　　　　　　　　/ 079

　　　　五、教学过程 　　　　　　　　　　　　　　　　　　　　/ 080

　　第四节　龙舟的配合技术 　　　　　　　　　　　　　　　　　/ 081

　　　　一、鼓手与划手的配合技术 　　　　　　　　　　　　　　/ 081

　　　　二、划手与划手的配合技术 　　　　　　　　　　　　　　/ 082

　　　　三、舵手与划手的配合技术 　　　　　　　　　　　　　　/ 083

　　第五节　起航技术 　　　　　　　　　　　　　　　　　　　　/ 084

　　　　一、起航技术要点 　　　　　　　　　　　　　　　　　　/ 084

　　　　二、易犯错误 　　　　　　　　　　　　　　　　　　　　/ 085

　　　　三、教学过程 　　　　　　　　　　　　　　　　　　　　/ 085

第五章　中华龙舟运动技能培养

　　第一节　龙舟运动技能发展的影响要素 　　　　　　　　　　　/ 089

　　　　一、空间要素：身体姿势与动作轨迹 　　　　　　　　　　/ 089

　　　　二、时间要素：动作时间与动作速率 　　　　　　　　　　/ 089

　　　　三、时空综合要素：动作速度与龙舟速度 　　　　　　　　/ 090

　　　　四、动力学要素：力量、划距与节奏 　　　　　　　　　　/ 090

第二节　龙舟运动技术风格与培养　　　　　　　　　　/ 090
　　一、龙舟运动技术风格概述　　　　　　　　　　　/ 091
　　二、我国划桨技术流派分析　　　　　　　　　　　/ 091
第三节　龙舟运动技能训练　　　　　　　　　　　　　/ 092
　　一、划船感觉的培养和训练　　　　　　　　　　　/ 092
　　二、龙舟运动技术技能的训练与评定　　　　　　　/ 093
第四节　龙舟运动比赛战术　　　　　　　　　　　　　/ 095
　　一、直道比赛战术　　　　　　　　　　　　　　　/ 096
　　二、长距离比赛战术　　　　　　　　　　　　　　/ 099
　　三、起航技术应用　　　　　　　　　　　　　　　/ 100
　　四、冲刺技术应用　　　　　　　　　　　　　　　/ 102
　　五、龙舟战术的制定　　　　　　　　　　　　　　/ 102
第五节　龙舟运动员比赛能力培养　　　　　　　　　　/ 103
　　一、提高训练水平　　　　　　　　　　　　　　　/ 103
　　二、常年训练与阶段训练　　　　　　　　　　　　/ 103
　　三、专项比赛训练　　　　　　　　　　　　　　　/ 104
　　四、应变能力的培养　　　　　　　　　　　　　　/ 104
　　五、赛练结合　　　　　　　　　　　　　　　　　/ 105
　　六、思想品德教育　　　　　　　　　　　　　　　/ 106

第六章　中华龙舟运动体能训练

第一节　龙舟运动员体能评估　　　　　　　　　　　　/ 109
　　一、运动员体能评估指标的筛选　　　　　　　　　/ 109
　　二、运动员体能评估指标的测试方法　　　　　　　/ 111
第二节　龙舟体能训练方法　　　　　　　　　　　　　/ 115
　　一、稳定性训练　　　　　　　　　　　　　　　　/ 115
　　二、柔韧性训练　　　　　　　　　　　　　　　　/ 130
　　三、耐力训练　　　　　　　　　　　　　　　　　/ 139
　　四、力量训练　　　　　　　　　　　　　　　　　/ 140

第三节　龙舟项目体能训练组织与安排　　　　　　　　　　/ 158
　　一、体能训练原则　　　　　　　　　　　　　　　　/ 158
　　二、体能训练组织与安排　　　　　　　　　　　　　/ 163
第四节　龙舟项目中的运动损伤及防治　　　　　　　　　/ 165
　　一、常见的运动损伤种类　　　　　　　　　　　　　/ 165
　　二、慢性运动损伤的预防　　　　　　　　　　　　　/ 166
　　三、急性运动损伤的处理　　　　　　　　　　　　　/ 168

第七章　中华龙舟运动竞赛组织与裁判

第一节　龙舟竞赛基本常识　　　　　　　　　　　　　　/ 173
　　一、竞赛形式　　　　　　　　　　　　　　　　　　/ 173
　　二、竞赛类别　　　　　　　　　　　　　　　　　　/ 173
　　三、竞赛组别　　　　　　　　　　　　　　　　　　/ 174
　　四、竞赛场地　　　　　　　　　　　　　　　　　　/ 175
　　五、器材　　　　　　　　　　　　　　　　　　　　/ 176
　　六、运动员　　　　　　　　　　　　　　　　　　　/ 178
第二节　龙舟竞赛流程　　　　　　　　　　　　　　　　/ 179
　　一、检录　　　　　　　　　　　　　　　　　　　　/ 179
　　二、登舟　　　　　　　　　　　　　　　　　　　　/ 179
　　三、起点　　　　　　　　　　　　　　　　　　　　/ 180
　　四、赛道　　　　　　　　　　　　　　　　　　　　/ 180
　　五、终点　　　　　　　　　　　　　　　　　　　　/ 182
第三节　龙舟竞赛安全　　　　　　　　　　　　　　　　/ 183
　　一、主体责任　　　　　　　　　　　　　　　　　　/ 183
　　二、安全保障与职责　　　　　　　　　　　　　　　/ 183
　　三、安全机构及设备　　　　　　　　　　　　　　　/ 184
　　四、代表队安全　　　　　　　　　　　　　　　　　/ 184
　　五、划行安全　　　　　　　　　　　　　　　　　　/ 185

第四节　龙舟赛事组织与管理　　　　　　　　　/ 185
　　一、赛事申请与审批　　　　　　　　　　　/ 185
　　二、赛事筹备与组织　　　　　　　　　　　/ 186
　　三、竞赛规程　　　　　　　　　　　　　　/ 188
　　四、赛前组织与管理　　　　　　　　　　　/ 188
　　五、赛中组织与管理　　　　　　　　　　　/ 189
　　六、竞赛保障与服务　　　　　　　　　　　/ 190

参考文献　　　　　　　　　　　　　　　　　/ 192

第一章

中华龙舟运动概述

中华龙舟运动，是一项来自传统又彰显现代的体育文化活动。它既包括传统民俗当中的龙舟竞渡，也包括现代竞技当中的龙舟大赛，历史悠久，深受我国人民群众的喜爱。为了帮助大家建立对中华龙舟运动的系统认识，我们将引导大家进入中华龙舟竞渡文化的历史深处，逐步探寻"中华龙舟"以及"中华龙舟运动"的本体面目。如果说概念能使大家知晓龙舟的基本样貌，那接下来辨识中华龙舟运动的基本分类，则会在此基础上进一步明确竞技类龙舟运动、民俗类龙舟运动以及表演类龙舟运动的差异与区别，从而在认知体系中建立一个中华龙舟运动的种类谱系。不仅如此，我们再通过对中华龙舟运动的历史性、民族性、地域性与观赏性等基本特征的了解，就可以基本掌握中华龙舟运动的全貌。

第一节 中华竞渡文化释义

中华竞渡文化是一个较为广义的概念，是与中华竞渡有关的一切事物的总称，其中包括竞渡器物、竞渡制度与竞渡精神。竞渡，顾名思义，就是一种划船比赛，是我国古人采集渔猎、图腾崇拜、宗教祭祀中衍化出的一种休闲娱乐方式。从时间维度来看，中华竞渡文化包括"过去"与"现在"两个维度，这是认识中华竞渡文化不可或缺的重要途径。从中华竞渡文化的器物造型来说，中华竞渡文化主要包括龙舟、凤舟、虎头舟、其他兽首舟与其他无造型舟。

龙舟，一般指带有龙形象的船，造型像龙，或者绘有龙的相关图案（见图1-1）。在我国古代的某些朝代，专指皇帝乘坐的交通工具（供皇帝巡游取乐），起到宣扬皇帝权威的作用。从古代文献中可知，龙舟具有交通、祭祀、娱乐、竞渡等基本功能。因此，我们应该注意的是，在文献中遇见"龙舟"一词时需要进行必要的概念辨析，明确材料中所载龙舟的功能指向（即古籍中所记载的龙舟究竟是用来交通、祭祀、娱乐还是竞渡），以避免将古籍文献中的"龙舟"误以为是"龙舟竞渡"，或者误以

图1-1　元代　王振鹏《龙池竞渡图》（局部）中的大龙船

为是"龙舟运动"。事实上，龙舟竞渡指划着有龙头龙尾造型的船进行比赛。20世纪80年代以来，官方对龙舟比赛出台了细致的规定，将龙舟确立为舟长11.58米、宽1.07米、高0.46米的标准大小，并严禁参赛人数超过22人，以在规定距离率先到达终点者为获胜队[①]。

凤舟，一般指带有"凤"形象的船，主要由凤头和凤尾组成，造型与常见的龙舟有较大区别。从凤舟的一般用途来说，大致可以分为两类：一类属于娱乐展演凤舟，通常被人们称为"彩凤舟"或者"彩凤船"。这类凤舟主要在特殊节庆或文旅活动中进行表演，色彩华丽，造型宏大，可以同时容纳多人进行表演，主要分布在四川与广东等地（见图1-2）。另一类属于民俗竞渡类凤舟，也就是当地人用来划船比赛的

---

① 蒋广学，朱剑. 世界文化词典［M］. 长沙：湖南出版社，1990：803.

图 1-2　四川　广元彩凤舟展演图

图 1-3　湖北　洪湖凤舟竞渡图

凤舟，也在特殊节庆用来举办相关活动。如广元凤舟在女儿节期间被用来展演，其主要目的是纪念女皇武则天。再如，洪湖凤舟在端午节期间被用来竞渡，其主要目的是祈福求平安，传承中华传统文化（见图 1-3）。现如今，中华凤舟主要分布在湖北洪湖、四川广元、广东揭阳、湖南道县与浙江蒋村等地[①]。值得注意的是，凤舟并非自古犹有，它是在历史嬗变的过程中从"鸟舟"演进而来，凤舟出现之前还有"鹢舟""飞凫""凫艇"等不同称谓的存在[②]。

虎头舟，顾名思义，是带有"虎"形象的船。这种舟主要分布在湖南岳阳及湖南道县等地，当然其他地区也有少量分布（见图 1-4）。虎头舟的外在造型主要分为两类：一类是既有虎头，也有龙头的竞渡舟，如湖南岳阳的虎头舟；另一类是只有虎头，没有龙头的竞渡舟，如湖南道县的虎头舟。虎头舟的造型奇特，充满湖南地方文化特色。另外，这种虎头舟形象也曾经出现在明代著名画家仇英的《清明上河图》中，说明虎头舟与龙舟、凤舟一样，也是一种历史悠久的竞渡舟（见图 1-5）。

图 1-4　湖南道县　虎头舟图

图 1-5　仇英《清明上河图》中虎头舟图

---

① 陈连朋，王岗. 凤舟竞渡的起源、流变及其体育价值释义 [J]. 首都体育学院学报，2019，31（3）：230-234.
② 陈连朋，李焕玉，王岗. 凤舟竞渡探源 [J]. 体育文化导刊，2017（5）：166-170.

其他兽首舟，是指除常见的龙舟、凤舟、虎头舟之外的带有其他动物形象的船。比如存在于历史文献和考古文物中的"鸟舟"，其造型往往以"鸟"为主，配有鸟头与鸟尾，形象生动，并且带有"羽人划船"的场景，主要分布在贵州、广西、云南及古代的吴越等地区。古籍文献《山海经 穆天子传》"天子乘鸟舟、龙卒浮于大沼"就明确记载了"鸟舟"的存在①。再如，贵州省赫章县M1∶53号铜鼓羽人船纹拓片也反映出"羽人划船"与"鸟舟形象"之间的内在联系②（见图1-6）。当然，除鸟舟之外，还有麒麟舟、马头舟（见图1-7）、狗头舟、龟舟等其他兽首舟。

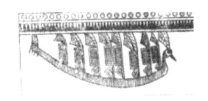

图1-6 贵州省赫章县铜鼓羽人船纹拓片

图1-7 马头舟

其他无造型舟，是指没有动物形象的船，如湖南溆浦、沅陵等地的竞渡舟多没有造型。在田野调查的过程中，当地人往往将这些没有龙头龙尾的竞渡舟称为"龙舟"。这种无造型舟的形象较为单一，它的外形结构与独木舟相似。③

上述龙舟、凤舟、虎舟、其他兽首舟与其他无造型舟的简要介绍可以说明中华竞渡文化在器物造型上的丰富多彩，这些竞渡文化共同构筑了整个中华竞渡文明。通过对这些竞渡舟的简要介绍，以及与其他竞渡舟的概念、图像进行对比，引导大家构建了一个关于龙舟比较全面的印象。然而需要强调的是，"中华龙舟运动"是一个较为广义的概念，从时间维度来看，它既包括传统龙舟竞渡，也包括现代龙舟运动。这种概念上的广义的形成，与中华传统体育的文化特质有着密切联系。崔乐泉认为，"传统体育作为传统文化的组成部分，是与传统社会同步形成和发展的，这也决定了其本身是一个内容十分宽泛的概念"④。正因为中华竞渡文化的范围较为宽泛，所以我们在学习与研究中更需将"中华竞渡文化"与"中华龙舟运动"相区别，大家需要厘清中华竞渡文化与中华龙舟运动的关系。从上述对各种竞渡舟的梳理来看，

---

① ［晋］郭璞.山海经 穆天子传［M］.长沙：岳麓书社，1992：23.
② 陈连朋，杨海晨.中国古代鸟舟竞渡源流的史料取证及考辨：兼论中华竞渡文化起源与谱系［J］.西安体育学院学报，2022，39（2）：204-213.
③ 单慧.从行舟到龙舟：刍议龙舟的发展源流及其设计特点［D］.苏州：苏州大学，2013.
④ 崔乐泉.中国民族传统体育学［M］.北京：科学出版社，2018：19.

中华龙舟运动只是中华竞渡文化中的一个重要组成部分，而中华龙舟运动又分为"传统龙舟竞渡"与"现代龙舟运动"两个部分。因此，下文将主要从"传统龙舟竞渡"与"现代龙舟运动"两个维度进行概念界定，以便帮助大家建立一个关于中华龙舟运动概念的清晰认识。

一、传统龙舟竞渡

学界关于"传统龙舟竞渡"的研究，已经积累了非常丰富的认识成果，对我们再度认识"传统龙舟竞渡"的概念具有比较重要的借鉴意义。潘年英认为，赛龙舟，顾名思义，就是一种置有龙头的舟楫竞渡活动[①]。林伯原认为，我国南方古越民族很早就会制舟和操舟，他们对龙图腾的崇拜，使舟与龙结合起来，因此，最早的龙舟竞渡是为了祈求龙神灵的保佑，而后成为纪念历史人物的活动之一，定期于农历五月五日[②]。刘秉果认为，近几十年考古工作者在广西、贵州、云南等地发现了大量的"石寨山式"铜鼓，铜鼓上刻画有鸟眼鸟尾，船上人赤裸上身，头戴羽冠，坐成一排，双手划单桨，这正是龙舟竞渡的图像[③]。王俊奇与饶绍振依据古籍文献，将有明确记载的龙舟分为"马头舟""鸟头龙舟""兽形龙舟""巨型龙舟""小龙舟"等五类，为我们认识中华龙舟的基本形态奠定了基础[④]。陈丽珠认为，龙舟竞渡，作为一种传统的娱乐项目，最初是南方水网地区的一种水上活动[⑤]。倪依克认为，在汉族的大多数地方，传统的龙舟竞渡是以宗族、村寨或街里为单位的，每一代表单位有一条船，这种祸福与共、荣辱共享的宗亲观念，正是中国小农经济思想的体现[⑥]。胡娟认为，关于龙舟竞渡的三个组成要素——龙舟、竞渡、祭礼传说，都分属于民俗的不同层面，其中，龙舟涉及民俗的物质层面，竞渡属于民俗的行为层面，而祭礼传说则可归入民俗的信仰层面，这三个要素统一在端午节这一载体之中，以此构成民俗[⑦]。王凯珍等认为，龙舟竞渡作为一项流传千年的传统民俗，在相当长的传统日常生活世界中，都以一种惊人的韧性保持着不变[⑧]。陈连朋等认为，龙舟出现的最初意义指向并非源

---

① 潘年英. 赛龙舟习俗的原始意义考［J］. 中南民族大学学报（人文社会科学版），1992，12（2）：19-22.
② 林伯原. 论中国岁时和礼仪民俗中的传统体育［J］. 北京体育学院学报，1993（1）：12-19，49.
③ 刘秉果. 卢肇的龙舟竞渡诗［J］. 体育与科学，1994，15（5）：43.
④ 王俊奇，饶绍振. "竞龙舟"与民俗文化［J］. 体育文史，2001（3）：53-54.
⑤ 陈丽珠. 中国龙舟活动的发展及"龙"文化特征［J］. 天津体育学院学报，2002，17（1）：77-78.
⑥ 倪依克. 当代中华民族传统体育发展的思考：论中国龙舟运动的现代化［J］. 体育科学，2004，24（4）：73-76.
⑦ 胡娟. 我国民俗体育的流变：以龙舟竞渡为例［J］. 体育科学，2008，28（4）：84-96.
⑧ 王凯珍，胡娟，杨风华. 我国龙舟竞渡发展研究［J］. 体育文化导刊，2010（3）：110-113.

于民俗节庆或对英雄人物的纪念，而是作为乘载工具或祈福祭祀仪式用具出现在历史文献记载中。后来才逐渐形成了人们为追念亡灵和缅怀民族英雄的一种附会活动，而这种活动又与我国的端午节风俗谋合而产生更大的影响力[①]。

由上可知，前人围绕各个专题对"传统龙舟竞渡"进行了概念上的探讨，这些探讨在很大程度上促进了我们对"传统龙舟竞渡"的认知。回顾其概念研究的学术历史，前人在历史语境、文化语境与民俗语境中去探讨传统龙舟竞渡的做法是值得借鉴的。然而，前人对传统龙舟竞渡的历史梳理显得过于单薄，很多情况下只是将"传统龙舟竞渡"视为研究中的一个专有术语，或者一个名词，并且有意无意地疏忽了这些词语背后的内涵，这就有可能出现违背历史事实的主观猜想。因此，对"传统龙舟竞渡"的概念界定必须在结合中华竞渡文化历史语境及批判性汲取前人思想成果的基础上进行。所以我们认为，"传统龙舟竞渡"是以龙舟为基础的水上活动，竞渡形式主要表现为"夺标"，获得胜利的龙舟队会得到一定程度的物质奖励。例如唐代举办龙舟竞渡活动，夺得龙标的队伍就会获得官府赏赐的"银碗"。"传统龙舟竞渡"的主要目的是古代先民为了祭祀祖宗神灵、纪念英雄人物或者承载民俗节庆。这一民俗文化活动一直延续至今，成为中华传统文化的重要组成部分。认识某一概念，同样离不开对其特征的认识。"传统龙舟竞渡"具有传承性、健身性、娱乐性及民俗性等典型特征。贵州苗寨的独木龙舟竞渡、广东揭阳的传统龙舟竞渡以及湖南怀化的燕尾龙舟竞渡都属于传统意义上的龙舟竞渡，具有鲜明的地域特色。上述龙舟的外在造型往往各不相同，这与当地人的日常生活、民俗信仰与图腾崇拜紧密关联，包括竞渡活动的各个环节，都有着严格的仪式规定，隐喻着特定的文化内涵。这说明"传统龙舟竞渡"并不只是一种狭义的划船比赛，特定的竞渡仪式是极其讲究的，如龙舟祭祀仪式、龙舟祷告仪式、龙舟点睛仪式与龙舟下水仪式等，都反映出不同的文化意义。如果贸然去违反这些仪式，就可能造成不同文化之间的冲突。上述仪式广泛存在于人们的日常生活之中，这就从"显性知识"的维度在一定程度上界定了"传统龙舟竞渡"与"现代龙舟运动"的区别。另外，传统意义上的龙舟竞渡一般在农历五月初五举行，很多地区是为了纪念楚国大夫屈原怀持家国情怀，却无奈自沉汨罗江的大义之举，纷纷举办包粽子、划龙舟等民俗活动，表达我国人民对古圣先贤的崇敬之情。因此，我们可以说传统意义上的龙舟竞渡，具有浓厚的历史文

[①] 陈连朋，杨海晨. 凤消龙长：中华竞渡文化渊源流变的历史考略[J]. 北京体育大学学报，2021，44（2）：145-156.

化意蕴，有的地区甚至还有请道士做法事等宗教活动的身影。千百年来，中国先民也正是在"传统龙舟竞渡"这样的活动中不断凝聚同乡同族与本乡本土的人心，进而激发根植于人们内心深处的文化乡愁，并承载起亿万中华儿女纪念屈原、回忆亲人、期盼丰收和祛除瘟疫的美好愿望，与此同时，人们也往往在这种氛围中潜移默化地接受中华龙舟文化的教育，从而保障"传统龙舟竞渡"的世代相传。

二、现代龙舟运动

学界不仅围绕"传统龙舟竞渡"进行了连续性的学术探讨，也对"现代龙舟运动"进行了诸多专题式考察。江立中认为，竞技型的龙舟竞渡（实际指的是现代龙舟运动），形成于20世纪70年代到90年代，实际而言，这种竞技型龙舟竞渡是一种体育运动中的竞技活动，鼓励人人参与，注重公平竞争，包括比赛的结果和名次的先后[①]。于秋生等认为，龙舟作为一种中华民族传统体育项目进入现代社会，必然会融入现代体育文化的氛围，使其传统的民族文体活动具有现代竞技体育与健身内涵[②]。李洪玉认为，在新的时期需要将改革提高与时代精神、市场经济结合起来，不断适应新形势的需要，注意强调龙舟运动的自我保持和自我更新[③]。隋文杰等认为，2017年龙舟运动首次正式被列入全运会比赛项目，标志着龙舟运动正式从民间体育活动进入正规竞技比赛项目[④]。

由上可知，前人已围绕现代龙舟运动的主要特征、构成元素及其标志性事件进行了探讨。从学术脉络来看，前人对"现代龙舟运动"的系列研究结合了时代背景，契合了全民健身需求，并且叩问了中华龙舟运动的发展趋势。这些研究基于现实，服务大众，视野开阔，值得我们借鉴。但是，至少有一点是需要格外注意的，那就是"现代龙舟运动"脱胎于"传统龙舟竞渡"，如果不能结合中华竞渡文化的历史语境去讨论"现代龙舟运动"，那极有可能导致"现代龙舟运动"脱离中华竞渡文化特质，而现代龙舟运动一旦失去了中华竞渡文化的特质，就会赤裸裸地成为现代西方划船比赛的另一翻版，实在不利于我国文化自信的彰显与文化自觉的践行。"现代龙舟运动"脱胎于"传统龙舟竞渡"是在经济全球化、体育国际化与文化多元化的时

---

① 江立中. 龙舟运动发展的三种基本形态 [J]. 湘潭大学学报（哲学社会科学版），1999（6）：97-99.
② 于秋生，李宇树，徐宏兴，等. 现代龙舟运动发展特点及其无形资产的开发与利用 [J]. 山东体育学院学报，2008，24（9）：34-36.
③ 李洪玉. 我国龙舟运动发展分析 [J]. 体育文化导刊，2009（7）：152-154.
④ 隋文杰，王永顺. 论竞技龙舟运动的现实困境与发展出路 [J]. 体育文化导刊，2018（7）：67-71.

代背景下，逐步克服了"传统龙舟竞渡"的思想局限，将那些较为野蛮、较为糟粕、较为封建的文化元素进行了剔除与改造，将那些符合大众健身、大众休闲与大众娱乐的文化元素进行了整合与创新，使其成为一项融健身性、科学性、竞技性、娱乐性于一体的现代体育项目。另外，具有统一器具样式和竞赛规则的"现代龙舟运动"深受我国人民群众的喜爱。因此，也有学者认为，现代龙舟运动是从农业文明的经验文化模式走向了工业文明的理性文化模式，朝着更加理性、更加科学、更加开放包容的方向迈进[1]。

说到这里，就不得不让人产生一个疑问，那就是为什么发展稳定的"传统龙舟竞渡"会转型成为"现代龙舟运动"？我们通过中华龙舟运动发展史可以知晓，现代民族国家的政策赋能对龙舟运动转型产生了至关重要的作用。1984年国家体委决定将龙舟运动列为正式比赛项目。1985年中国龙舟协会成立，公布《龙舟竞赛规则》。1988年正式出版《龙舟竞赛规则》《龙舟竞赛裁判员法》，让龙舟运动走上法制（治）化道路，进而逐步发展成一项竞技性强、组织规范的现代体育运动[2]。从这些官方行为可以看出，"现代龙舟运动"具备了"传统龙舟竞渡"不曾具备的官方资质，有了严格的规则限制与明确的责任主体单位，其活动目的已经不再过度局限于纪念英雄人物、承载民俗节庆和祭祀神灵祖先，而在于追求竞技水平的提升、龙舟文化的传播和全民健康事业的发展。

综上，立足于整个中华竞渡文化的语境可知，中华龙舟运动是中华竞渡文化的重要组成部分。换言之，中华龙舟运动的涵盖范围远远小于中华竞渡文化。因此，在中华龙舟运动这一概念层级的基础上，中华龙舟运动又可以继续细分为"传统龙舟竞渡"和"现代龙舟运动"。事实上，中华龙舟运动也从整体上承接了"传统龙舟竞渡"与"现代龙舟运动"的基本特征，成为一个传统而不失现代、整体而不失特色、竞技而不失民俗的总和概念。张一龙等认为，龙舟运动从来就没有唯一的、统一的、不变的"定型"，"转型"是龙舟运动的历史特征和常态，转型不是相对于统一定型或原型而言，而是相对于某些或某一具体形态而言[3]。故而我们认为，中华龙舟运动既包括"传统龙舟竞渡"，又包含"现代龙舟运动"，具有宗教祭祀、交通工具、民

---

[1] 郑文海，杨建设.我国端午龙舟竞渡与体育比赛结合现状及策略：兼论传统龙舟竞渡与现代竞技龙舟运动的发展[J].西安体育学院学报，2007，24（5）：42-44.
[2] 冯宏伟.新时代农村地区民俗体育的发展：形式、局限与路径[J].北京体育大学学报，2018，41（10）：125-132.
[3] 张一龙，周次保.龙舟运动现代转型中的继承与创新[J].武汉体育学院学报，2014，48（8）：54-57.

俗竞渡、文旅展演以及体育精神等核心功能，是中国农业文明走向工业文明的产物，兼具中国传统与西方现代的特色，成为一项新型的传统体育项目。通过较为详尽的介绍，我们应该注意，后面如果有机会对中华龙舟运动进行深入研究或者专题探讨，身为具有专业知识的青年大学生，更应该精准把握这一概念的内涵、外延及其使用边界，建议在史料挖掘与田野采集的过程中，进一步明确中华龙舟运动的具体时空条件，避免出现概念误用、错用的常识性谬误。另外，体育专业的学生更应该积极承担起传承中华优秀传统体育文化的责任，在弘扬中华传统龙舟文化的同时，更应注重提升自身的知识素养，促使中华龙舟运动在国内外得以精准传播，切实推动中华龙舟运动走向世界。

第二节　中华龙舟运动的形式

中华龙舟运动的形式丰富多彩，不同民族、不同地域与不同人群会进行不同形式的龙舟运动，彰显出中华龙舟运动的博大精深。为了让大家更为清晰地认识中华龙舟运动的基本形式，我们根据功能属性与表现形式两个维度，将中华龙舟运动的形式划分为竞技类龙舟运动、民俗类龙舟运动和表演类龙舟运动。顾名思义，竞技类龙舟运动的核心目的在于竞赛，民俗类龙舟运动的主要目的在于表征纪念屈原、图腾信仰以及端午民俗的意义，表演类龙舟运动的重要目的在于供人观赏、娱乐。

一、竞技类龙舟运动

竞技类龙舟运动，在我国古代的主要表现形式为"龙舟竞渡"，在我国现代的主要表现形式为"龙舟竞赛"。究其实质而言，竞技类龙舟运动的核心是较量速度。其中，速度最快的龙舟就会成为获胜队，得到相应的奖品与荣誉。在我国古代，传统的龙舟竞渡在抛却相应的仪式之后，呈现出千帆竞发的景象。只为"夺标"的比赛场景就是竞技类龙舟运动最为生动的体现。中国古代的书画典籍中就有大量记载端午节龙舟"夺标"的案例，如元代王振鹏的《金明池争标图》以及黄庚《端午月山主人酒边即事》（"记节何妨斟蚁酒，夺标无复见龙舟"）等文艺作品就形象生动地描绘出竞技类龙舟运动激烈夺标的场景，显示出中国古代各阶层人民对竞技类龙舟运动的喜爱。这种气势恢宏的竞渡盛会有助于龙舟从宫廷走向民间，有助于龙舟从祭祀功能走向娱乐功能，成为人们日常生活中不可或缺的重要活动。

我们将关注视野从"传统龙舟竞渡"迁移到"现代龙舟运动"，就会发现现代龙舟运动当中的各级各类比赛都较为充分地体现出竞技类龙舟运动的特点。其具体表现为，在竞渡场上，所有的龙舟队都团结一致奋勇向前，争取比赛名次的思想观念占据整个竞赛过程的核心位置。现代龙舟运动的竞赛形式主要有三种，分别为直道赛、环绕赛与拉力赛。其中，直道赛是指以最短时间通过规定距离的直线航道；环绕赛是指半径不小于50米、直线距离不少于500米的多圈追逐赛；拉力赛是指在自然水域的封闭环境中进行长距离的划船比赛。综合两种龙舟运动的形式来看，无论是传统意义上的龙舟竞渡，还是现代意义上的龙舟运动，都比较充分地体现出竞技类龙舟运动的基本特征。其力争上游、与时俱进、团结协作的龙舟精神促使中华龙舟运动成为我国民间体育运动的典型代表，折射出中国人民在自然水域"与天奋斗"的体育智慧。

二、民俗类龙舟运动

民俗类龙舟运动主要同我国宗教礼仪、家族祭祀以及民俗节庆等传统文化相伴而行。其中，历史性、传统性、民俗性与地域性是民俗类龙舟运动的基本特征。民俗类龙舟运动更多偏向中华传统文化，有着自己独特的知识体系与文化方式，它并不是简单的竞技活动，更不同于竞技类龙舟运动那样只为获胜的竞赛目的。民俗类龙舟运动的主要目的是表达地方信仰、家族伦理与民族图腾，并从中体现出中国人民向往安居乐业、祈祷五谷丰登和祛病祈福的美好愿望。从这一意义而言，民俗类龙舟运动更多表现的是一种民俗文化的载体，我们并不能简单地从体育学角度去审视民俗类龙舟运动的价值，相反，我们更需要借助文化人类学、文化社会学等相关学科的理论对民俗类龙舟运动进行研究，以帮助人们更好地认识民俗类龙舟运动的文化要义与思想旨趣。

在我国古代，民俗类龙舟运动主要有宗教祭祀、习俗节庆与图腾崇拜等功能。例如，南北朝时期萧子显《南征曲》（"棹歌来扬女，操舟惊越人。图蛟怯水伯，照鹢竦江神。"）就反映出民俗类龙舟运动具有载灵祭祀的作用。这一点在我国著名学者江绍原先生的《端午竞渡本意考》中也有严谨论证。再如，从纪念屈原、介子推、伍子胥、曹娥等历史精英人物的端午民俗传说来看，各个地域的龙舟运动承载了厚重的民俗文化，逐步形成各地区民俗龙舟运动都有着各自尊崇的英雄人物，提供民俗龙舟的各种仪式，起到表达民众心声、传承地方文化的重要作用。

在现代社会，民俗类龙舟运动仍旧广泛存在于人们的日常生活中。例如，贵州清水江流域的独木龙舟，就有专业的祭祀人员（鬼师）对自己的祖先进行祭祀，这种民俗类龙舟运动的主要目的是彰显苗族人民对"祖先英雄记忆"的尊崇，以及对未来美好生活的期盼。现代社会的民俗类龙舟运动除祭祀以外，还有生动鲜活的民俗节庆活动。生活在湖南沅江流域的人们会在"大端阳"（即农历五月十五）那一天聚集在沅江，举行规模宏大的民俗类龙舟活动。各个村寨的龙舟队会接受本地著名企业的赞助，例如比赛服装、饮用水、餐费、活动经费等，这些民俗类龙舟活动除了常见的竞渡环节外，更多的是凸显各种舟船表演，以及对村寨龙舟的打赏仪式，充分彰显出民俗类龙舟运动的独特魅力。各个村寨的村民经由民俗类龙舟运动汇集在一起，同场竞技，既为荣誉，也为相邻村寨的人际交流。村寨的村民也正是在一年一度的民俗类龙舟活动中传承了中华龙舟文化，加强了村寨内部的团结，保障了中华民俗节庆文化的代代相传。

三、表演类龙舟运动

表演类龙舟运动主要被人们用来取悦身心，供人赏玩。它的常见形式以游船为主，名称上多称"花舟""彩舟"或"戏舟"。从田野调研的资料来看，表演类龙舟的体型较为硕大，可承载多人，并在龙舟上进行各种歌舞表演，极具娱乐色彩。尤其是2022年7月3日贵州施秉地区举办的独木龙舟赛，其中有一条"主船"，可容纳上百人进行歌舞表演，气势宏大，引人驻足观看。独木龙舟节的主办方更以网络直播的方式对"贵州施秉独木龙舟赛"进行宣传，吸引近40万网友关注，这说明表演类龙舟运动能够吸引一定数量的观众群。我们从表演类龙舟的功能来看，它与竞技类龙舟运动和民俗类龙舟运动存在较大差异，其核心目的是供人观赏，因此对视觉审美的追求远远高于其他两种龙舟运动形式。从表演类龙舟的造型来看，它的舟头与舟尾绘有精美的龙纹与龙鳞，有着栩栩如生的龙头及龙尾，并在船身上修建了船舱楼阁，气势颇为壮观。这类龙舟"周身或插画，或插旗，或挂锦缎，或装潢对联文字，或装饰各种艺术造型，争奇斗艳，类似选美比赛，有的花舟还用于草台戏班的戏耍表演"[①]。表演类龙舟运动的船上人员往往多于一般竞渡型龙舟，或敲锣打鼓，或载歌载舞，或吟诗作赋，别有一番民俗雅趣。在蓝天白云之下，在青山绿水之间，在阵阵龙舟号子里，表演类龙舟运动传递出中华龙舟对美的期待与追求。如果说竞技类龙

---

① 周次保，刘明，张可. 龙舟文化论［M］. 北京：中国纺织出版社，2017：13.

舟运动追求的是一种动态的速度之美，那么表演类龙舟运动则追求的便是一种相对而言的静态之美。

表演类龙舟除造型精美考究之外，在运动过程中也尤显特色。例如，广西桂林的"游龙船"仪式丰富，有起鼓、伐木、请龙坐殿、龙王游村、拜庙、龙船起水、龙王下水、采青、出游及走亲等十余道仪式，这些仪式在实施过程中具有很强的娱乐性。"游龙船"有着当地极富特色的"龙船号子"，祭祀着当地居民供奉的神灵。在下水之后，龙船队员们通过整齐划一的划船动作和气势豪迈的"龙船号子"吸引中外游人驻足观看，充分展现出广西别具一格的龙舟文化。我们需要注意的是，表演类龙舟运动并不完全是现代社会的产物，从游船的历史变革来看，现代意义上的表演类龙舟极有可能是从我国古代各式各类的游船中发展演变而来的。例如，闾丘冲的"浩浩白水，泛泛龙舟。皇在灵沼，百辟同游"（《艺文类聚·卷四·岁时中》）描述的就是晋人乘坐龙舟娱乐游玩的场景。再如，隋炀帝杨广乘龙舟巡幸江南，其中的"龙舟"就扮演了游船一样的角色。所以，我们可以认为，不论是竞技类龙舟运动、民俗类龙舟运动，还是表演类龙舟运动，历史都非常悠久，都是中华龙舟运动的一种具体表现形式，三者各有特色，各有源流，各有意义，都是值得我们尊重的文化，不应该厚此薄彼。我们作为新时代的青年学子，需要进一步深入了解中华竞渡文化的表现形式，传播中华龙舟文化，将理论与实践相结合，更好地促进中华龙舟运动实现高质量发展，让我们以中华龙舟文化为荣，推动中华龙舟运动驶向世界，划向全球，早日实现龙舟入奥的梦想。

第三节　中华龙舟运动的特点

中华龙舟运动历史悠久、博大精深。我们根据传世文献、考古文物与田野考察的相关资料，深入总结了中华龙舟运动的历史性、民族性、地域性与观赏性。对于这些核心特征的认识，有助于我们直观地建立中华龙舟运动的基本印象，帮助大家进一步认识中华龙舟运动的全貌。

一、历史性

中华龙舟运动由"传统龙舟竞渡"与"现代龙舟运动"两个部分构成。通过前面第一节"中华竞渡文化释义"有关内容可以知晓,"现代龙舟运动"脱胎于"传统龙舟竞渡"的历史演变,因此我们可以将历史性视为中华龙舟运动的主要特点。如果想要对中华龙舟运动的历史性有一个较为准确的认识,那么离不开对中华龙舟这一主体对象进行历史梳理。我们若抛开中华龙舟的历史演变而妄谈中华龙舟运动的历史性,就会像无根的浮萍漂浮在水面一样,纵使能够获取其"历史性"的直白印象,却可能会因为失去主体而显得肤浅与单薄。回顾历史我们可以知道,龙舟并非一开始就被用来竞渡。例如,根据"天子乘鸟舟、龙卒浮于大沼"(《山海经 穆天子传》)的记载说明,"像龙浮于水面"的舟船具有供天子巡游的交通属性。虽然暂时还无法考证这里所讲的"龙"就是龙舟,但凭借"像龙一样"的描述可以知晓这类舟船必定与天子存在某种关联。另外从文献记载来看,这一时期的舟船通常体现出较为基本的交通功能。所以,周天子乘坐"龙舟"巡游是一件完全有可能的事情。

发展到春秋战国时期,龙舟已经从简单的交通功能转向供帝王游玩的娱乐功能。根据任昉"(吴王)夫差作天池,池中造青龙……日与西施为水戏"(《述异记》)的记载可知,春秋战国时期的国家统治者(吴王)修建了一座供自己游玩的"天池",并在其中建造了龙舟。吴王夫差每天与西施在"天池"中划龙舟取乐。这就说明此时的龙舟已经不仅仅是供帝王交通代步的工具,且具有娱乐的功能。大约从这一阶段起,龙舟供帝王交通代步及戏水娱乐的功能就一直被延续到后世王朝。例如,明代"尝以三秋暇日,与飞燕游戏太液池。以沙棠为舟,贵其不沉也。以云母饰于鹢首,一名云舟。又刻大桐木为虬龙,雕饰如真象,以夹云舟而行。"(冯梦龙《太平广记钞》)。这些记载说明古代龙舟及其他舟船在宫廷场域具有专供帝王游玩享乐的功能。到了魏晋南北朝时期,根据《荆楚岁时记》可知,民间竞渡活动与端午节纪念屈原的习俗逐渐融合在一起,让部分地区的民间竞渡活动具有纪念历史人物的功能。而且,端午节竞渡纪念屈原的习俗也随着南北地区的文化交流而广为传播,逐步让北方一些区域也开始拥有这样的习俗。发展到隋唐以后,龙舟竞渡逐渐与端午节民俗结合在一起,形成了端午节举行龙舟竞渡以纪念屈原的民俗活动。经过简要的历史梳理,可知中华龙舟运动从最初供帝王交通、游玩的工具到纪念历史英雄人物或祭祀神灵的民俗活动,再到作为一项现代体育竞技项目驰骋于江河湖海,充分展现出其历久弥新的生命力和世代传承、有序发展的历史稳定性。事实上,中华龙舟运动体现出来的"历史性"是我国先民世代相传的结果,可以说没有先民世代相传的龙舟传承,也就没有今日中华龙舟运动的大放光彩。所以,我们应该进一步增强历史自觉,守护好祖先世代相传的中华龙舟文化,使其发扬光大,传于后世。

二、民族性

中华龙舟运动是一个较为宽泛的概念，它不是一个民族或几个民族的产物，而是整个中华民族的龙舟文化在彼此碰撞融合的过程中形成的一项运动项目。从东部地区来讲，温州龙舟就是吴越民族宗法血缘关系的一个侧面体现。古代吴越民族的先民同世界上其他民族一样，也有自己的图腾信仰与图腾崇拜，其中就包括了较为浓厚的龙图腾崇拜情结。吴越先民认为龙是吉祥的象征，能够给他们的日常生活带来美好祝福，保佑他们在出海捕鱼等日常劳作中平安归来。反映到竞渡领域，就逐步形成了含有特殊意义的龙舟竞渡。

从北部地区来讲，北方很早就有龙崇拜现象，有着"中华第一龙"之称的玉龙就证明了我国北方民族素有崇龙的传统。后来，伴随北方政权逐步向其他地区拓展，就带动了包括龙舟在内的龙文化由北方向各个地区拓展。而且在传播过程中与其他民族的竞渡舟产生碰撞，形成如虎头龙舟、独木龙舟等新型龙舟（见图1-8）。从文化人类学的角度看，这种新型龙舟的出现可以被视为"文化涵化"现象的产物。也就是说，原属北方文化系的龙舟在向南传播的过程中，与湖南、贵州等地区的文化图腾产生了碰撞，后来逐步形成了既体现南方地方图腾，又反映北方龙舟特色的新型龙舟。这种文化涵化现象也促使中华龙舟运动具备鲜明的民族特色，体现出鲜明的民族图腾、地方习俗与家族信仰。

图1-8　贵州苗寨的独木龙舟

图 1-9　湖南怀化的燕尾龙舟

从南部地区来看,广东及福建地区的少数民族就有着严格的性别禁忌,在竞渡过程中排斥女性参与龙舟活动。这种龙舟活动排斥女性的原因有很多,如某些地区的宗教祭祀当中,女性一直以来就被视为不洁的象征,不允许参与祭祀活动。另外,女性在儒家伦理中也遭遇禁锢,男尊女卑的儒家规训让女性无缘龙舟竞渡。当然,从现代性别平等的伦理观念来看,传统的女性禁忌肯定是不对的,应该倡导男女平等。但是,进入某个特殊的龙舟场域,还是应该注意当地人的风俗习惯,尽量尊重当地的传统文化,以避免产生不必要的文化冲突。

最后从中部地区来看,湖南岳阳出现的"虎头龙舟"在一定程度上也可以视为崇龙民族与崇虎民族在龙舟文化交流中产生的文化融合现象。所以中华龙舟运动契合了不同民族的生存、生活与发展需求,在一定程度上反映出这些民族的图腾、禁忌与习俗。例如,贵州苗寨的独木龙舟一般由"母船"与"子船"组合而成,它的外形与常见的普通龙舟区别较大,除了平常司空见惯的龙头之外,还有体型硕大的牛角,表现出苗族人民对地方图腾的崇拜以及对英雄祖先的追忆。与之相似的还有湖南怀化的"燕尾龙舟"(见图 1-9)。

由此我们可以看出，中华龙舟运动是各个民族龙舟文化交流碰撞的产物，具有鲜明的民族特征。这些分属于不同民族的龙舟文化在历经长时间的文化交流之后，有助于推动全国各族人民实现龙舟文化认同感，继而从龙舟运动层面铸牢中华民族共同体意识。通过对中华龙舟运动"民族性"的了解，我们认识到中华龙舟运动的博大精深，既见识到中华龙舟运动的一般性规律，也见识到每个民族龙舟文化的独特性。正是秉持着这种认识，我们需要采取更加开放包容的文化态度去看待中华龙舟运动，在尊重文化多元的基础上，积极传承中华龙舟文化，传播中华龙舟运动。

三、地域性

中华龙舟运动的地域性与民族性存在相似之处，然而细究之下，两者仍有较大差别。从地缘政治学的角度来看，不同地域孕育出不同的龙舟文化。也就是说，每个地域的自然条件、人文传统、思维方式存在差异，造成了各个地域的龙舟运动异彩纷呈，不拘一格。因此，地域性除了涵盖民族这一要素之外，还包括了特定的自然地理环境，以及由此而来的人文地理环境。从国土面积来看，我国幅员辽阔，不同地域的人们有着不同的生活方式与传统习俗，这就导致中华龙舟运动拥有典型的地域特征。例如，中部的龙舟运动的重点在竞渡，突出竞技色彩，讲究输赢，较量村寨内部的实力。而西部地区的一些龙舟运动，则重点体现在游玩层面，讲究人与自然的和谐相处，体现出相对静态的美感。

其中较为直观的是，中华龙舟运动具有鲜明的南北差异。究其原因，我国北方是大多数封建王朝的政治权力中心，而身为政治权力最大拥有者的帝王为了凸显权威，往往攀附具有神圣力量的事物。譬如，历代帝王尊称"天子"，或者与神秘莫测的神龙扯上关系，其中最为典型的就有汉高祖刘邦的"蛟龙感孕"，隐喻出身低下的刘邦为蛟龙之子，核心目的便在于强化帝王的政治权威。而作为龙文化重要组成部分的龙舟也自然成为帝王的攀附对象之一，因此北方竞渡形态多为龙舟形象想必与此有着较大关联。但是南方本就多水，南方原始先民对海洋与河流资源的开发较早。面对浩瀚的大海与汹涌波涛的河流，舟船的出现很好地解决了南方先民渔猎采集与交通出行的问题，所以我们大致可以判断南方龙舟的初期功能是交通代步，而后才逐步彰显帝王意志。另外，南方距离北方政治文化中心较远，与北方权力主推的龙舟文化之间存在一定的缓冲空间，致使其在一定程度上保留了自己的地域图腾信仰。比如贵州独木龙舟虽然被当地人称为龙舟，但却保留了牛图腾的信仰，使其外在形象上既有龙头也有牛角。再如岳阳的虎头龙舟，同样在汲取北方龙舟文化的基础上，保留了自身竞渡文化中对虎图腾的信仰。不仅如此，南方楚国屈原大夫的历史故事逐渐与南方龙舟捆绑在一起，从而形成端午举行龙舟竞渡纪念屈原的习俗[①]。因此，由上述分析可以看出，中华龙舟运动在不同地域的差异程度，以及中华龙舟运动形态多元的地域特色。

四、观赏性

中华龙舟运动的观赏性主要体现在"竞技"与"展演"两个层面。这实际上包含了前面"中华龙舟运动的形式"这一部分提及的竞技类龙舟运动与表演类龙舟运动。我们就中华龙舟运动的竞技性而言，不论是传统意义上的龙舟竞渡，还是现代意义上的龙舟运动，都充分体现出竞技属性。从整体来看，每一条龙舟都在力争上游，奋力划向终点，锣鼓声、号子声、助威声，响成一片，吸引人们驻足观看。从局部来看，龙舟上的全体运动员都会团结一致，各司其职，根据自己的角色，发挥最大的作用，以饱满的精气神去争取比赛的胜利。例如，鼓手会根据比赛的进度与行进的节奏打击不同的鼓点，一方面指挥运动员的划桨频率，另一方面为运动员加油鼓劲。运动员会在鼓手鼓点的指挥下，做着整齐划一的划桨动作，喊着气势洪亮的号子，在龙舟场上你追我赶，排除万难去争取比赛的胜利。中华龙舟运动实际上体现出中国人民风雨同舟、团结协作和与时俱进的精神气质。另外，我们就中华龙舟运动的表演性而言，表演类龙舟运动同样具有较好的观赏性，从部分地区"游龙船"的外部形象来看，它们的造型恢宏，色彩华丽，龙头、龙身与龙尾部位都由经验丰富、德高望重的老师傅用艳丽的油漆描绘龙鳞、龙纹与祥云图案，偶尔还会出现中国道教的太极八卦形象。这些图案来自中国人民的日常生活，蕴含了人们追求美好生活，期盼家庭平安，具有呼应盛世气象的特殊寓意，十分契合中国人的传统审美观念，将其观赏性展现得淋漓尽致。

---

① 王若光，刘旻航."飞龙在天"：端午龙舟竞渡习俗考源[J].民俗研究，2013（6）：50-55.

第二章

中华龙舟运动的历史演进

从前一章节的"历史性"当中我们已经认识到,中华龙舟运动不是一个突然出现的文化现象,而是一项有着悠久历史和深厚底蕴的文化活动。为了直观展现中华龙舟运动历史变迁的纵向逻辑,我们主要从古代龙舟运动发展、近现代龙舟运动发展(1840—1949年)与当代龙舟运动发展(1950—2022年)等阶段对其进行简要介绍。

第一节　古代龙舟运动的发展

古代龙舟运动发展最早可以追溯到原始社会的独木舟运动，一直延续至鸦片战争之前从未停滞，充分展示出中华龙舟文化历久弥新的生命活力。我们主要从"古代龙舟运动的历史发展"与"古代龙舟运动的历史影响"两个部分进行介绍，重点梳理中华龙舟运动在历史演变过程中的形态差异与重要事件，并对古代龙舟运动进行一分为二的客观评价。

一、古代龙舟运动的历史发展

原始社会时期，先民使用的舟船还是独木舟，主要是用来采集渔猎以及方便人们在江河湖海之间出行。这种独木舟看似与中华龙舟运动没有关系，但从器物层面来看，原始社会独木舟的出现为中华龙舟运动的发展奠定了前期基础。我国考古工作者在距今8000余年的井头山遗址，发掘出大量海贝与海鱼骨头，成为证实人们利用海洋资源的直接证据。不仅如此，考古工作者还发掘出土了原始木桨（见图2-1），让大家知道原始社会的先民已经能够利用舟船进行渔猎采集①。考古实物向人们证明了我国先民很早就懂得利用舟船去获取生存资源，显示出先民的勤劳朴实，以及因地制宜的生存智慧。

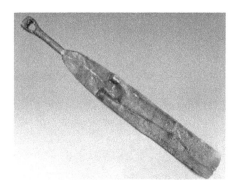

图 2-1　井头山遗址出土的木桨
（照片由宁波市文物考古研究所提供）

考古资料可以证明原始舟船的存在，然而这一时期的舟船是否被用来竞渡还缺乏相关证据。但凭借《山海经》（"淫梁生番禺，是始为舟"）、《世本》（"共鼓、货狄作舟"）及《周易·系辞》["（伏羲氏）刳木为舟，剡木为楫，舟楫之利，以济不通，致远以利天下"]等传世文献记载了华夏杰出的历史人物"番禺""共鼓""货狄"与"伏羲"等人发明独木舟的案例。这充分说明原始社会的先民已经开展制作并使用舟船，为后世龙舟运动的孕育奠定了器物基础。但需要注意的是，现在还没有足够证据证明原始社会的舟船已然具备了竞渡功能，也就是说，截至目前，无论是考古文物，

---

① 童杰，龚缨晏. 井头山遗址在世界史前史研究中的意义 [J]. 浙江社会科学，2022（5）：137-141, 160.

还是出土文献，暂时还不足以证明原始社会的舟船是用来划船比赛的，但这并不妨碍我们对原始社会的生存情境进行一个合理推测。每当原始先民进行渔猎活动迫切需要获取更多食物时，或者遭遇强邻环伺而躲避其他部族的攻击时，就亟须提高划船或者奔跑的速度，从而在采集渔猎的过程中得到食物满足，或在其他部族的攻击下保存有生力量。因此，我们不能简单地否定原始独木舟对孕育后世中华龙舟运动产生的客观作用。纵使两者确实存在较远的时空距离，但就中华龙舟运动的器物层面而言，原始社会的舟船可以被视为中华龙舟运动的先驱。

公元前221年，秦始皇嬴政在战胜韩国、赵国、魏国、楚国、燕国与齐国之后，统一东方六国，建立起中央集权君主专制的封建国家，标志着我国由奴隶社会进入封建社会。秦始皇在统一六国之后，继续推行郡县制，完全破坏了周天子推行的分封制，动摇了奴隶社会的统治基础，并进一步废除了东方六国的原有文字，奉小篆为秦朝文字。另外，秦始皇还统一度量衡与国家道路标准，史称"书同文，车同轨"。就在这种强势权力席卷东方六国的土地时，不只有国家权威与效度的整合，还有各个地域文化的取缔与改造。例如，作为先秦统治阶级的"龙图腾"文化在秦始皇建立封建王朝之后被继续推行，促使"龙舟也同龙一样，逐渐成为皇权的象征"[①]。另外，除了作为先验文化的龙图腾对龙舟赋予优势之外，秦汉时期的"大一统"以及"君龙一体"的思想也为龙舟发展赋予更高层级的世俗权力。例如，《史记·秦始皇本纪》将秦始皇嬴政称为"祖龙"，《史记·高祖本纪》将汉高祖刘邦称为"龙神之子"，上述称谓足可证明秦汉时期的最高统治者为了强化皇帝权威，将象征自然力量的"龙"与表征现实力量的"君"结合起来，以便更好地强化国家统治。反映在中华竞渡文化领域，这种皇权赋予的现实手段对龙舟从其他竞渡舟中脱颖而出产生了关键性作用。根据"诸王子继体为王者，婚姻吉凶，悉依诸国公侯之礼，不得同皇帝皇子。……平乘舫皆平两头作露平形，不得拟像龙舟，悉不得朱油"（《宋书·卷十八》）[②]的记载可知，皇权对龙舟的影响比较大，让龙舟从其他普通舟船中脱颖而出，具有了超越"乘舟舫"的特权。故而这一时期的龙舟正逐步表征帝王权力，为后世形成大规模的龙舟运动奠定了政治基础。

魏晋南北朝时期，根据《荆楚岁时记》等史料可知，竞渡习俗最初可能只存在于荆楚大地，楚地先民因感佩楚国大夫屈原爱国爱民的旷世情怀，遂在农历五月初

---

① 张伦笃. 帝王与龙舟［J］. 紫禁城，2002（1）：4-9.
② ［南朝］沈约. 宋书（上）［M］. 刘韶军，等校点：长沙：岳麓书社，1998：293.

五举行竞渡活动，以纪念屈原，久而久之，就演化成为一种习俗，并在后期逐渐向外传播，让楚地以外的地区有了端午竞渡纪念屈原的风俗。历史学向来强调"孤证不立"的原则，也就是说，历史学者采取单一历史证据来论证某个观点时，就会出现证据单薄而效力不足的问题。因此为避免形成孤证，我们对魏晋南北朝时期的竞渡认识除了来自《荆楚岁时记》以外，还参考了东晋著名道士葛洪《抱朴子》中的说法。根据葛洪关于"屈原没汨罗之日，人并命舟楫以迎之"（《抱朴子》）①的记载可知，荆楚地区划船竞渡纪念屈原在当时已经成为一种风俗。然而，《荆楚岁时记》与《抱朴子》都不能进一步说明南方竞渡舟就一定是龙舟，根据"是日，竞渡，采杂药。按：五月五日竞渡，俗为屈原投汨罗日，伤其死所，故并命舟楫以拯之。舸舟取其轻利，谓之飞凫"（《荆楚岁时记》）②的记载进行推测，当时南方端午竞渡盛行的竞渡舟可能是鸟舟③。然而即便魏晋南北朝时期的端午竞渡舟不一定是龙舟，但该时期端午民俗与竞渡民俗的结合也为日后形成传统意义上的端午龙舟竞渡奠定了基础。

进入隋朝以后，隋炀帝"御龙舟，幸江都"（《隋书·炀帝纪上》）④的帝王行为有助于北方龙舟文化迅速向南方传播。根据《旧唐书》记载，隋炀帝造数万艘游船，声势浩大，对南方竞渡产生了一定影响。进入唐朝以来，龙舟竞渡成为一种民间习俗，龙舟不再只是简单满足于帝王水嬉娱乐的工具。如张建封"鼓声三下红旗开，两龙跃出浮水来。……鼓声渐急标将近，两龙望标目如瞬"（《竞渡歌》）就描绘了唐代龙舟竞渡颇为壮观，像两条巨龙一般跃出水面，随着击鼓声越来越急切，作为终点的"龙标"也越来越近，两条龙舟你追我赶的激烈场景，引人入胜。不仅如此，龙舟竞渡也得到了官府的支持与许可，根据《南唐书》中"郡县村社竞渡，每岁端午，官给彩段，俾两两较其迟速。胜者加以银碗，谓之打标"的记载可以知晓，唐代民间村社一般都会举办划船比赛，每逢端午佳节的时候，官府会赏赐彩色绸缎，让龙舟之间互相较量快慢，对于胜出的龙舟，还会增加"银碗"这样的奖品，称之为"打标"。这说明唐代龙舟竞渡已经得到官府允准，具有国家承认的合法性地位，并且出现较为正规的物质奖品。这对于龙舟竞渡的发展产生了重要推动作用。

发展到宋代，宫廷与民间都会举办大规模龙舟竞渡。从宫廷的角度来看，有宋一代的统治者奉行的文化政策大都宽和，倡导皇帝与士大夫共治天下，这为宫廷龙舟的

---

① [隋]杜公瞻.编珠.卷四[M].清康熙三十七年（1698年）刻本：58.
② [梁]宗懔.荆楚岁时记[M].宋金龙，校注.太原：山西人民出版社，1987：48-49.
③ 田兆元.论端午节俗与民俗舟船的谱系[J].社会科学家，2016（4）：7-13.
④ [唐]魏徵，令狐德棻.隋书·炀帝纪上[M].北京：中华书局，1973：63-65.

发展奠定了宽和包容的政治环境。另外，宋代时政治权力中心南移，偏安江南一隅，这有助于宫廷龙舟文化向南方民间传播。从民间的角度而言，宋代时市民阶层逐渐生成，有了著名的"市民文化"，类似于龙舟这样动辄成千上万人的活动深深吸引了市民阶层的参与。譬如，北宋著名画家张择端的《金明池争标图》（见图2-2，现收藏于天津博物馆）就描绘了宋代宫廷龙舟在金明池举行划船比赛的盛大场景，图中有"临水殿""宝津楼""仙桥"及"五殿"等建筑，龙舟呈现左突右进的空间排列，显示出龙舟争标的激烈状况；图中不仅有龙舟，还有"水傀儡""水秋千"和"乐船"等水上百戏表演，从侧面反映出北宋龙舟竞渡的发达程度。另外，从借龙舟竞渡纪念屈原的角度看，北宋著名词人梅尧臣《五日登北山望竞渡》中"南方传竞渡，多在屈平祠。箫鼓满流水，风烟生画旗。千桡速飞鸟，两舸刻灵螭"的描述，以及刘敞《竞渡》中"三闾虽已死，郢人独见思。五月江水深，绕城碧逦迤。轻舟烂龙鳞，利楫剧鸟飞"的刻画，都在一定程度上说明宋代人民借龙舟竞渡纪念屈原成为一种普遍现象。

发展到明清时期，传统龙舟竞渡逐渐达到顶峰，其竞渡时间大为延长，竞渡规模大为扩大。根据"五月一日新船下水……十八日送标"（《杨嗣昌诗文辑注》）这一记载可知，某些地区的竞渡活动从龙舟下水，一直到送标，总共持续18天。另外，根据"观龙舟竞渡，好事者饰巨舟，钲鼓丝竹，繁响雷鸣。……余船如叶，人如蚁，酒肆无隙处，城上女墙谁见万头攒簇，黄昏始罢"（《中国地方志民俗资料汇编·西南卷》）的描述可知，部分地区的龙舟竞渡规模已达数万人。综上所述，自唐宋以来龙舟竞渡逐渐成为中华竞渡文化的主流，深受宫廷贵族与底层人民的喜爱。

从原始社会独木舟奠定雏形，一直到明清时期龙舟竞渡的时间、规模达到顶峰，我们都可以感受到中华龙舟文化强大的生命力，以及在我国古代人民日常生活中的

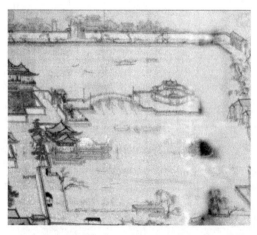

图2-2 北宋 张择端《金明池争标图》

图2-3 明代 仇英《清明上河图》（局部）

重要地位。作为新时代的青年大学生，我们应该进一步增强历史自觉，激发历史主动，自觉参与到"讲好中华龙舟故事"的文化事业之中，积极推动中华龙舟文化实现"创造性转化"与"创新性发展"。

二、古代龙舟运动的历史影响

古代龙舟运动的发展，旷日持久，历久弥新，充分展示出中华龙舟文化的源远流长。从原始社会的独木舟，再到鸟舟、龙舟、凤舟、虎舟、蛇舟的"百舸争流"，最后慢慢回归到龙舟的一家独大，中华龙舟运动在古代发展的过程中汇集了多种文化元素，将很多地区的民俗习惯、风土人情、家族信仰都融入其中，成为人们定期举办的一种民俗活动，也展现出中华传统文化世代相传的特点。回顾历史可以发现，中华龙舟运动从人们的日常生活中产生，并在历史发展的过程中，多次与祭祀、图腾、端午、屈原等文化元素融合，形成博大精深、源远流长的主要特点。一方面，中华龙舟运动中产生了丰富灿烂的文学作品，涌现出造型多样的器物文化以及承载着中国古人对于美好生活的期盼。从文学作品而言，不少著名诗词大家、绘画大家围绕中华龙舟这一题材创作了大量优秀的文学作品与绘画作品。这些文学作品从隋唐时期一直延续到明清时期，如卢肇"向道是龙刚不信，果然夺得锦标归"（《竞渡诗 及第后江宁观竞渡寄袁州刺史成应元》），边贡"共骇群龙水上游，不知原是木兰舟"（《午日观竞渡》），刘禹锡"沅江五月平堤流，邑人相将浮彩舟"（《竞渡曲》），张建封"吾今细观竞渡儿，何殊当路权相持。不思得岸各休去，会到摧车折楫时"（《竞渡歌》）等名篇佳句。如果中国古代缺少了龙舟竞渡，那么中国古代文学也将失去诸多流光溢彩的名篇佳句。除了文学作品之外，还涌现出一批如《金明池争标图》（北宋·张择端）、《清明上河图》（明代·仇英，见图 3-2）等珍贵的传世画作。从器物文化而言，中华龙舟造型多样，如贵州苗寨的"独木龙舟"，湖南岳阳的"虎头龙舟"以及湖南怀化的"燕尾龙舟"，这些龙舟不同于大家寻常印象中的普通龙舟，它们受不同民族、不同地域及不同图腾的影响，产生出造型各异的多元形象。这些形象极大丰富了中华龙舟运动的器物文化，让大家见识到中华龙舟运动的多元特征。从中国古人对美好生活的期盼而言，中华龙舟运动承载着祭祀祈福的文化意蕴，表达先民对未知力量的崇拜，并且充实着人们的业余生活，寄托其美好心愿。与此同时，中华龙舟运动也是中国古代人民强身健体的一种体育活动，为近代龙舟运动的开展奠定了坚实基础。

另一方面，中华龙舟运动由于其历史与时代的局限性，出现了安全隐患、耽误农时以及封建迷信等问题，一定程度上影响了自身的正常发展。当然，我们不可能以现代文明的评判标准去"苛求古人",古代龙舟的械斗、女性禁忌等现象都受到当时文化环境的影响,历史原因较为复杂,所以我们在对其历史影响进行陈述时,应尽可能从历史事实出发,避免"以古非今"的不当判断。从安全隐患的角度而言,古代龙舟活动中经常出现大规模械斗,缺乏必要的安全监管和严谨的制度规范,因而时常遭遇官府禁令,导致后面的龙舟活动难以为继。从耽误农时的角度而言,古代龙舟运动往往在端午农忙时节开展,时间少则半个月,多则一个月,缺乏周密的时间安排。这种大规模的龙舟运动在一定程度上影响了农民的日常生产,因此被部分官员作为禁止龙舟运动的理由。从封建迷信等维度而言,中华龙舟运动具有较强的封建迷信色彩,在祭祀神灵、怀思屈原的基础上衍生出一套"男尊女卑"和"女性不洁"的价值观。这种排斥女性的价值观显然不利于中华龙舟运动群众基础的扩大,也不利于古代女性正常开展健身活动。更重要的是,这一陋习没有得到人们的反思,并延续至今,让中华龙舟运动被贴上"重男轻女"的标签,不利于中华龙舟运动的深入推广及持续发展。

第二节　近现代龙舟运动的发展（1840—1949年）

1840年鸦片战争爆发,标志着我国从古代史阶段向近代史阶段转型,一直到1949年中华人民共和国成立,中国才算彻底推翻帝国主义、封建主义和官僚资本主义"三座大山",结束了"半殖民地半封建"的社会性质。由于1840年至1949年中国人民多次遭遇列强入侵与反动统治,半殖民地半封建社会的性质逐步加深,因此这一阶段被我们视为中华龙舟运动的近现代时期。为全面认识这一阶段的龙舟运动面貌,我们主要围绕"近现代龙舟运动的历史发展"和"近现代龙舟运动的历史影响"两个方面展开介绍。

一、近现代龙舟运动的历史发展

整体而言,中华龙舟运动在近现代阶段的发展较为坎坷,受半殖民地半封建社会的影响较大。它主要表现为"小规模""受限制"与"有延续"三个基本特点。从"小规模"这一特点而言,中国人民在近现代阶段的主要目的是反抗侵略、争取独立和推翻反动统治,因而人们无暇参与中华龙舟运动,导致大规模的龙舟运动缺乏必要的人员基础。另外，这一时期的政权变更频繁，地主阶级的开明派、顽固派、改革派，资本主义的改良派与革命派等政治势力"你方唱罢我登场"，各有各的文化主张，各有各的政策举措，再加上外国列强的纷至沓来，导致中华龙舟运动的开展缺乏一个相对稳定的外部环境，使得部分龙舟运动只能以"小规模"的形式在远离敌占区的农村进行。这说明和平的外在环境是中华龙舟运动开展的必备条件，如果外部环境动荡不安，势必为本土文化带来巨大的负面影响。然而，中华龙舟运动即使身在内外交困的夹缝中也在积极谋求生存，从侧面反映出中华龙舟文化坚韧不朽的生命力。从"受限制"这一特点而言，中华龙舟运动作为中华优秀传统文化的组成部分，必然遭到日本帝国主义"消灭文化"的政策对待。如台湾部分地区曾在日本帝国主义的侵略下，被迫改变原有的龙舟竞渡运动。这一案例充分体现出中华龙舟运动在近代遭遇限制的特点。不仅有日本侵略政策的限制，还有战乱时期物资匮乏的限制，近现代社会的重重限制严重阻碍了中华龙舟运动的发展。从"有延续"这一特点而言，中华龙舟运动即使面临西方体育的冲击，以及内忧外患的外部环境，也在逐步积蓄力量，徐图发展，充分说明中华龙舟运动的顽强生命力与中国人民勠力同心守护本土龙舟运动的文化自觉。

前面"古代龙舟运动发展"部分就提及了隋唐以后，龙舟逐渐从中华竞渡文化领域中脱颖而出，成为其他竞渡舟的"领头羊"。但是，中华龙舟运动却在晚清时期出现了一个"凤舟胜过龙舟"的意外插曲。因为这件事情一反中华竞渡文化"龙舟为尊"的历史潮流，所以我们可将这一事件视为中华龙舟运动在近代社会的标志性事件。根据"光绪十五年，为庆祝慈禧'归政'，光绪正式'亲政'，新堤举办灯会，龙灯在前，凤灯在后。慈禧得知，下令关押沔阳知州陈佑勤，杀州同张幼弟"（《洪湖县志》）[1]的记载可知，公元1889年，湖北沔阳地区为庆祝慈禧太后归还政权并结束垂帘听政，光绪帝正式亲理朝政，人们在新堤这个地方举办灯会。然而，慈禧太后在听闻"龙灯在前、凤灯在后"之后大为震怒，认为龙灯在前就是对自己权力的极不尊崇，于是下令关押沔阳知州陈佑勤，诛杀州同张幼弟。这说明晚清政府的实际权力拥有者——慈禧太后不满于"龙灯在前、凤灯在后"的顺序，进而制造出"凤灯之祸"的悲剧事件。而继任的沔阳知州汲取了上一任知州的惨痛教训，为了避免再次出现祸端，颁布命令，让人们在当年的端午节增设了凤舟竞渡，并且巧妙设计了一出"凤舟胜龙舟"的竞渡好戏，得到了慈禧太后的嘉奖，被特赐黄马褂。因此，这次凤舟胜龙舟的事件可被视为

---

[1] 洪湖市地方志编纂委员会.洪湖县志[M].武汉：武汉大学出版社，1992：541.

中华龙舟运动在近代中国的一个插曲,即慈禧太后凭借手中掌握的政治权力改变了"龙灯在前、凤灯在后"的历史传统,并进一步让凤舟竞渡胜了龙舟竞渡。这说明近代不仅有外部西方现代体育对龙舟竞渡的冲击,还有内部其他因素对龙舟竞渡的干预。值得说明的是,中华龙舟运动不会因为精英人物简单的一次权力实践就改变了以龙舟为主导的历史趋势。慈禧太后只是中华龙舟运动发展过程中的一个较为偶然的因素,精英人物的权力实践并没有让凤舟取代龙舟,更没有让龙舟消失。在此之后,中华龙舟运动继续迈向现代社会,并产生了新的变化。

中华龙舟运动除在近代遭遇上述困境之外,还发展出了其他新元素,有了新的变化。譬如中华龙舟运动在民国时期出现的"科学化"与"健身化"的新思想,赋予了中华龙舟运动促进人们身体健康的新价值。可以这样认为,中华龙舟运动在"科学化"与"健身化"的思想出现之前,还只是停留在竞技游戏或者竞渡习俗层面。经过这一阶段的发展之后,中华龙舟运动逐步具备了体育健身的元素,日渐发展成为我国人民锻炼身体的一项运动项目。民国时期的有志之士刘天吉撰文指出,"吾国素来不注重体育,降至今日,国民体质日衰,国势亦随之愈趋愈下,致有东方病夫之称。然则吾人今日如何解此讥笑,与侮辱耶?旨提倡体育也。体育之种类虽不一,而竞渡亦为其中之一种,亦足以使人民体质日趋强健也"[①]。从中可以看出,传统中国并不注重体育,一直到了民国,国民的身体素质越来越差,国家实力也每况愈下,因而被西方列强称为"东亚病夫"。面对这样的侮辱,提倡体育到了势在必行的地步。在此情形下,龙舟竞渡作为体育项目之一,可以促使人民的体质日益强健。由此,中华龙舟运动在这批有识之士的努力下,被赋予了"强健体质"的思想内涵,也侧面说明了中华龙舟运动逐步从祭祀、民俗与各种宗教仪式中脱离出来,具备了服务人民健身的自觉意识。中华龙舟运动寄希望于科学化的健身思想挽救风雨飘摇的民族命运,这体现其体育救国的时代担当,也让中华龙舟运动的守望者看到了希望的曙光。在此种思想浸润下,中华龙舟运动有助于更多人参与其中,从单纯的民俗展演功能过渡到增强体质的功能,进一步"体育化",成为一项真正意义上的民族传统体育项目。

二、近现代龙舟运动的历史影响

近现代龙舟运动连接着"传统龙舟竞渡"与"现代龙舟运动",既延续着古代龙舟竞渡的部分传统,也受到西方现代体育的思想冲击与观念促进。一方面,近现代

---

① 刘天吉.竞渡[J].二中期刊,1933(3):34-35.

龙舟运动为当代龙舟运动的持续发展保留了火种，让当代社会的人们知道龙舟运动的存在，并赋予其更为深刻的民族国家意识以及民族民间传统体育的价值。就保留的火种而言，近现代龙舟运动生存于晚清政府腐朽统治与外国列强入侵的复杂环境之下，举步维艰，而经年累月的战争无疑阻碍了中华龙舟运动的深入发展，但从未消失的龙舟身影又间接显示出中华龙舟运动的顽强生命力，这就为当代龙舟运动的接续发展保留了文化火种。这种文化火种具有非凡意义，包括龙舟在内的诸多中华传统文化就是有赖于一代又一代国人的薪火相传，才传承至今。作为青年大学生，我们时时刻刻不能忘记本民族优秀的传统文化，尤其在艰难困苦的岁月里，更应该保护好、珍藏好与传承好中华传统文化，这样才能帮助我们找到回家的路，把握乡愁的根。就赋予民族国家意识的层面而言，近现代中华龙舟运动是在一批怀有家国情怀的仁人志士的努力之下，才逐步有体育意义的觉醒，慢慢具备了现代国家意识，并奠定了中华龙舟运动进军现代竞技体育领域的思想基础，这无疑为当代社会的中华龙舟运动走向国际化、竞技化与规范化缩短了距离，为中华传统体育的崛起奠定了前期基础。就民族民间传统体育的价值而言，中华龙舟运动作为其中的重要代表，被民国时期的人们视为一种国粹，被赋予了较为丰富的教育价值。因此有民国学者认为，龙舟运动是我国种种国粹当中的一种，属于一种有秩序的运动，富有极为重要的教育意义，应该给予大力倡导[①]。

另一方面，近现代龙舟运动在发展过程中丢失了部分传统文化，延续了械斗的历史问题，未能从根本上解决竞渡领域的女性歧视问题。就丢失的部分传统文化而言，近现代的中华龙舟运动由于受到政治、经济与文化环境等影响，发展极其艰难，丢失了部分如伦理教化、纪念祷词与习俗礼仪等较为宝贵的传统文化。当然，其中还有一个比较重要的原因值得大家重视，即近现代的中华龙舟运动之所以丢掉了部分传统文化，是因为受到西方近现代体育的冲击，越来越体现竞技性，而中华龙舟运动与生俱来的传统文化却在不同程度上大打折扣。就械斗的历史问题而言，近现代龙舟运动没有从根本上规范竞赛秩序，也未找到解决械斗的有效对策，同样如古代龙舟运动一样产生了大量的械斗事故，如《竞渡中之大械斗》就记载了江苏仪征某龙舟队由于对竞赛结果不认可，引发两帮民众械斗，并致五人重伤，数十人轻伤的重大安全事故[②]，这种械斗严重阻碍了近现代龙舟运动的发展。最后就女性歧视而言，

---

① 杨淑云.龙舟竞渡[J].二中期刊，1933（3）：32-34.
② 竞渡中之大械斗[N].新闻报，1931-06-21（1）.

近现代的中华龙舟运动继续延续着女性歧视的传统，这严重制约着中华龙舟运动的参与人群，显然不利于民族国家有关男女平等的政策落地。

第三节　当代龙舟运动的发展（1950—2022年）

当代龙舟运动是整个中华龙舟运动发展的重要组成部分，是中华龙舟由传统竞渡转型为现代龙舟运动的关键转折点。对这一阶段的认识主要围绕"当代龙舟运动的历史发展""当代龙舟运动的指导思想""当代龙舟运动的历史影响""当代龙舟运动的前景展望"及"中华龙舟运动的国内外研究进展"等五个方面展开介绍。

一、当代龙舟运动的历史发展

中华人民共和国成立以来的这段时间被称为中华龙舟运动的当代发展时期，其主要由三个阶段构成，第一个阶段为1950—1975年，第二个阶段为1976—1983年，第三个阶段为1984—2022年。第一个阶段是当代龙舟运动的初始阶段，第二个阶段是当代龙舟运动的转型阶段，第三个阶段是当代龙舟运动的发展阶段。

1）当代龙舟运动的初始阶段（1950—1975年）

中华人民共和国成立以后，"传统龙舟竞渡"因其复杂的宗教仪式和传统的封建观念，被人们作为封建迷信的一种具体表现形式，遭到了国家的明令禁止。即使有个别地方小规模地组织了龙舟竞渡，但也因参与人数较少、时断时续未能引起较大关注，更没有切实得到国家的认同。尤其是1966年进入"文化大革命"之后，全国风行"破四旧"运动（主张破除旧思想、旧文化、旧风俗与旧习惯），中华龙舟运动作为旧文化的代表，自然难免遭到破坏。人们对中华龙舟运动的破坏具体表现为停止龙舟活动以及大肆损毁龙舟器械。譬如，江西新建不仅禁止龙舟活动的开展，就连龙头、龙尾也被毁掉，龙舟被劈烂[①]。当然，也有部分村民将龙舟藏起来，例如浙江省宁波市鄞州区陈村的部分村民偷偷使用柏油将龙舟涂黑，并高高悬起，这才得以保存两艘由绍兴传入陈村的古典传统龙舟。这一案例反映出国家政治环境的变化影响了龙舟运动的发展，导致当代龙舟运动被迫中断。这也启示我们，中华龙舟运

---

① 胡娟. 龙舟竞渡流变历程中的现代发展［D］. 北京：北京体育大学，2007.

动的发展必须获取国家力量的支持，并尽可能在开展过程中贯彻国家意识，赢得国家与政府的信任；中华龙舟运动要积极承担中华传统文化仁义教化的时代使命，实现价值升华与精神再造。

2）当代龙舟运动的转型阶段（1976—1983年）

1976年之后，老一批无产阶级革命家联手粉碎"四人帮"的阴谋，宣告历经十年之久的"文化大革命"彻底结束。"文化大革命"结束以后，中华龙舟运动一扫此前的颓废状态，从内容到形式都发生了较大变化。1976年在香港举办了第一次国际性的龙舟比赛，确立了严格的竞赛规则与崭新的道德风尚，标志着中华龙舟运动开启了具有国际意义的新篇章，宣示着我国现代竞技龙舟运动的诞生。也有学者以澳门龙舟运动为例，认为澳门龙舟运动的发展，与整个亚洲乃至世界龙舟运动的发展基本同步，从某种意义上来说，甚至是世界龙舟运动发展的一个缩影，带有明显的"自民间而官方"的特点。从拥有广泛群众基础的民间运动，一步步向着组织化、规范化的方向迈进，官方的集思广益、从善如流以及民间的不懈努力相得益彰[①]。这种经由现代改造之后的龙舟运动淡化了传统意义上的女性禁忌，主张女性在竞渡领域享有被平等对待的资格，而且保护女性观看中华龙舟运动的权利。另外，从形式上来说，该时期的中华龙舟运动已经改变了传统龙舟竞渡的抢标方式，将过去的"夺标"转变为现代竞技体育的"计时"。因此这一时期的政治、经济、文化以及体育环境改善了中华龙舟运动的生存状态，促使作为一项现代竞技体育的中华龙舟运动重新回到人们的日常生活之中。因此，我们将这一阶段视为当代龙舟运动的转型阶段，即从不规范到规范，从本土化到国际化，从性别隔离到性别融合。当代龙舟运动正逐步走向正轨，愈发繁荣。

3）当代龙舟运动的发展阶段（1984—2022年）

1984年举办的全国第一届"屈原杯"龙舟赛，推动当代中华龙舟运动进入一个崭新的发展阶段。同年，国家体委将中华龙舟运动列为全国正式比赛项目，1985年中国龙舟协会成立，结束了中国龙舟运动长期以来"群龙无首"的局面，开启了中华龙舟运动的新纪元。同年，中国龙舟协会颁布《龙舟竞赛规则》（试行草案），让龙舟竞赛有据可依。1988年我国正式出版《龙舟竞赛规则》与《龙舟竞赛裁判员法》，让中华龙舟运动走上法治化道路。正因为如此，从1988年开始，全国不断地举行不同规模的国际龙舟比赛，为中华龙舟文化的国际化奏响新的乐章。1991年6月24日，

---

① 马明达. 澳门的龙舟运动［J］. 体育文化导刊，2006（1）：87-89.

国际龙舟联合会正式成立，成员有来自包括中国在内的各大洲的龙舟协会85个，秘书处设立在香港。1992年8月23日，亚洲龙舟联合会在中国北京成立，发起国（地区）有中国、日本、马来西亚、新加坡、泰国等，秘书处设在北京。截至2010年，国内已有北京、天津、上海、湖北、江苏、广东、陕西、吉林等20多个省区市常年开展龙舟运动，其中10多个省区市成立了自己的龙舟协会。国际龙舟联合会已经发展到拥有五大洲将近60个国家（地区）的大家庭，龙舟运动发展十分迅速[①]。2022年2月4日，第二十四届冬季奥林匹克运动会开幕式在北京国家体育场举行。开幕式上，在以中国24个节气串起来的倒计时环节，一个极具中国传统特色的龙头带着水花浮出水面。这不仅是一个龙头，更是以黄埔龙舟制作技艺为代表的非遗文化登上世界舞台，向全球宣扬中华龙舟运动的独特魅力。

二、当代龙舟运动的指导思想

不同于古代龙舟运动的零散分布，当代龙舟运动始终秉持着党和国家的政策指导，具有旗帜鲜明的指导思想，始终朝着高质量发展而努力。一般而言，当代龙舟运动应积极弘扬中华传统文化、促进全民健身事业发展、服务于全民健康的需要、推动传统体育文化走出去以及秉持推陈出新的文化态度。正是有赖于上述重要思想的方向指引，中华龙舟运动才能不断守正创新、发展壮大，并繁荣至今。

1）积极弘扬中华传统文化

当代龙舟运动的发展需要将积极弘扬中华优秀传统文化作为指导思想。中华龙舟运动作为中华传统文化的组成部分，理应承担起积极弘扬中华传统文化的责任。在积极弘扬中华传统文化的思想指导下，中华龙舟运动必然将不断承载更多传统文化元素，向国内外人民展示中华传统文化的魅力。就国内维度而言，国家有关部门必须不断推进以中华龙舟运动为代表的民族传统体育项目进校园，让学校教师不仅从技术层面传授龙舟运动的动作要领、核心方法与注意事项，更让中华龙舟文化进入各级各类学校，使其以深厚广博的文化底蕴感染青少年学生，让学生汲取中华龙舟文化的精神涵养，培育其中华传统文化的自信自觉。除了教育领域的进校园之外，国家还确立了国家级、省级、市级与县级非物质文化遗产名录，旨在将各个地区、各个层级的龙舟运动纳入官方与民间共同保护的范畴，切实促进中华龙舟运动的传承以及中华优秀传统文化的广泛弘扬。另外，在非遗政策的支持下，许多地区建立

---

① 张明军.龙舟历史文化与发展现状研究［D］.兰州：西北民族大学，2010.

起中华龙舟非物质文化遗产传承基地，旨在培养一批热爱中华龙舟运动的有为青年。就国外维度而言，中华龙舟运动在面向海外运动员或者海外观众时，更应该坚定文化自信，向国外喜欢龙舟的朋友们宣讲中华龙舟的历史，阐释中华龙舟的价值，把握中华龙舟的底蕴，并借助不同形式的传播媒介，积极弘扬中华传统文化。归根到底，中华龙舟运动之所以受到国家重视与人民喜爱，就是因为中华龙舟文化始终与家国情怀保持一致，继而成为中华儿女的象征，通过不同形式的龙舟参与，可进一步激发人民群众的爱国热情，激活深藏于祖国人民内心深处的文化自信。

2）促进全民健身事业发展

中华龙舟运动作为一项为广大人民群众喜闻乐见的体育项目，必须促进全民健身事业的发展。进入现代社会之后，中华龙舟运动并不能局限于传统的祭祀、民俗、崇拜等文化功能，还应该着眼于我国全民健康事业的发展，积极通过自身优势，吸引不同人群参与其中，增进广大人民群众的体质健康，进一步促进全民健康事业的发展。在全民健身的思想指导下，当代龙舟运动响应政府部门大力发展"传统龙舟竞渡"与"现代龙舟运动"的号召，通过政策引导、举办赛事及加强宣传等手段鼓励传统龙舟竞渡活动的开展，并尽可能让其服务于不同人群的健身需求。中华龙舟不管是外在形象，还是内在精神，都与中国人的审美观念、运动思维和人文气息相吻合，中华龙舟这项运动一定能够吸引更多人参与其中，不断提升人们的身体素质。另外，各地政府还举办了不同层级的龙舟比赛，从中华龙舟运动的发祥地湖北秭归，到湖南、广东、江苏等南方各省，再到北方更远的吉林，中华龙舟运动逐渐在全国普及开来，这说明龙舟运动不再只是专属于南方人民的运动项目，北方人民同样也可以享受龙舟运动带来的快乐。尤其东北三省在面对河水结冰等极端严寒天气时，有些地区还特意推出了"中华冰雪龙舟运动"，以便促进中华龙舟运动更好地为全民健身事业服务。不仅如此，中华龙舟运动正一步步走向国外，例如澳大利亚在1980年引入中华龙舟运动，让龙舟运动成为一个社区运动项目，让12~85岁的人群可以参与到不同年龄层级的龙舟运动中。这说明中华龙舟运动不仅促进了我国全民健身事业的发展，还在一定程度上受到了世界关注和国际认同。

3）服务于全民健康的需要

中华龙舟运动从"传统龙舟竞渡"到"现代龙舟运动"的发展，一定要遵循服务于全民健康的要求。如果中华龙舟运动不能服务于全民健康的需求，反而给社会造成危害，就必然要遭到国家行政力量的取缔。国家在《"健康中国2030"规划纲要》中明确提出了"全民健康"的要求。因此，在"全民健康"思想的指导下，中华龙舟运动的开展必须坚持政府主导、个人积极参与和鼓励相关单位组织龙舟竞赛等形式，逐步促使中华龙舟运动真正成为服务于全民健康的群众性体育项目。中华龙舟运动服务于全民健康事业并不只限于社会层面，譬如在学校层面，就有教育部门与体育部门联合建立并完善中华龙舟运动的教育体系，其核心目的是让中华龙舟运动的教育培训从小抓起，让儿童、青少年从小就将中华传统体育文化植根于内心之中。尤其需要注意的是，在儿童、青少年群体中普及中华龙舟运动的文化知识，应凸显其"科学性"与"健康性"，需要将那些不利于中小学课堂宣讲的糟粕内容剔除出去，以便更好地让中华龙舟运动促进儿童、青少年的身心发展，助推不同层级的学生实现身心健康。另外，地方政府也在全民健康的号召下，积极开创"全民健身节"与"中华龙舟赛"联合的方式，旨在通过传统与现代融合的方式推动中华龙舟运动走进人们的日常生活，让人们在龙舟比赛中收获友谊，收获乐趣，收获荣誉，进而提升体质，健硕体魄，和谐人际关系，最终抵近全民健康的国家标准。譬如，第十三届全运会比赛中就有一支"混合型"的龙舟队，其队员来自各行各业，有教师、护士、农民等，他们的年龄跨度也较大，体现出中华龙舟运动不分年龄、不分性别、不分职业，共同参与的特点[①]。实践证明，中华龙舟运动的确能够在一定程度上承担起全民健康的使命，发挥它作为一门运动项目的独特优势，促进我国广大人民群众身心健康发展。

4）推动传统体育文化走出去

历史证明，中华传统文化不能故步自封，应该积极开展国际传播，不断扩大中华传统文化的国际影响力。事实上，国家在中华文化"走出去"的整体背景下尤为关注中华传统体育活动的国际传播。例如，中共中央办公厅与国务院办公厅联合印发的《关于构建更高水平的全民健身公共服务体系的意见》中明确指出："加强中华传统体育活动国际交流，支持中华传统体育项目走出去。"因此，国家关于中华传统体育项目"走出去"的政策要求下，各级组织举办了一系列国际龙舟赛事，主张"传统文化乘舟出海，中国龙舟划向世界"。地方政府也是希望通过不同层次的龙舟赛事，形成中外文化交流平台，坚持在龙舟运动开展期间进行中华龙舟文化的对外宣传。自1976年香港举行国际龙舟大赛之日起，中华龙舟运动就已开始走向世界。后来，更在2021年亮相于东京奥运会，在2022年亮相于北京冬奥会开幕式。中华龙舟运动凭借其独特的龙舟造型、深厚的底蕴、美好的寓意、吉祥的象征，赢得了世界人民的喜爱，为中

---

① 范佳元，等. 龙舟：划出人生精彩［EB/OL］.（2017-06-16）. http：//sports.people.com.cn/n1/2017/0616/c14820-29342782.html.

华龙舟运动进军奥林匹克运动会奠定了人气基础。此前种种现象表明，中华龙舟运动正在积极践行中华传统体育"走出去"的指导思想，中华龙舟人同样秉承着中华龙舟文化的自信自觉、奋勇拼搏精神，划出亚洲，划向世界。另外，国家还在进一步开展中华龙舟文化相关资源的整合，通过搭建信息平台，依托地方龙舟协会的力量，有针对性地建立海外龙舟基地，开展海外龙舟教学、龙舟训练、龙舟竞赛与龙舟贸易等活动，切实传播中华龙舟文化，丰富世界竞渡文化的形式与内涵。

5）秉持推陈出新的文化态度

中华传统文化当中，既有优秀的部分，也有糟粕的元素。面对中华传统文化的二重性特征，习近平总书记为此专门强调，对待中华传统文化应该坚持"古为今用、推陈出新，有鉴别地加以对待，有扬弃地予以继承"的态度[①]。也就是说，在面对中华龙舟运动及其文化的二重性时，应坚决秉持推陈出新的文化态度，采取"取其精华，弃其糟粕"的文化手段，推动中华龙舟运动及其文化进行自我调适，将那些优秀的传统文化元素加以整合，赋予其新的时代精神，产生新的文化意涵；将那些腐朽的陈规陋习剔除出去，例如，传统龙舟竞渡不允许女性参与，甚至严禁女性触摸龙舟、观看龙舟比赛等封建糟粕要予以改造，还包括其中烦琐的宗教神秘仪式、宗法思想与家族观念，都需要适当地加以引导与价值创新，促进中华龙舟运动与时俱进，不断前行。经过现代改造的中华龙舟运动已经在部分地区积极贯彻男女平等的国家意识，出现"男子组""女子组"及"混合组"等项目组别。至此，中华龙舟运动进入一个崭新的发展阶段，进一步升华了其自强不息、发愤图强、爱国主义和集体主义的运动精神。

三、当代龙舟运动的历史影响

中华龙舟运动自中华人民共和国成立以来，不断推陈出新，克服了传统龙舟竞渡的一些陈规陋习，逐步有了明确的组织、制度与竞赛规范，并举办了一系列不同层级的龙舟赛事，可以说中华龙舟运动的发展在当代社会达到顶峰。来自国家与民间力量的双向促进，为中华龙舟运动的竞技化、规范化与国际化奠定了坚实基础。一方面，中华龙舟运动凭借当代社会的物质文明、精神文明与思想文明，在继承传统、龙舟建造、竞赛规则与国际传播等方面取得了明显进步。就继承传统的维度而言，中华龙舟运动依托"文化多样性"与"中华民族一体多元"的开明观念，逐步恢复了以往被官

---

① 中共中央宣传部. 习近平新时代中国特色社会主义思想三十讲[M]. 北京：学习出版社，2018：207.

方取缔的赛前竞渡仪式，实现了传统的龙舟竞渡仪式与现代的龙舟文艺展演并存的文化格局，并提高了女性在龙舟运动中的地位，允许女性参与龙舟竞渡、观看龙舟比赛和进行龙舟祭祀。另外，传统龙舟竞渡当中的宗教色彩与图腾意识日渐式微，部分赛区已取消了含有封建迷信意味的祭祀仪式，体现出当代龙舟运动的革故鼎新。这就说明当代龙舟运动继承传统并不是一味地"继承"，不是一口气恢复此前龙舟运动的所有文化元素，而是在批判的基础上继承，不断推陈出新，与时俱进，对上契合国家的战略目标，对下满足人民的健身需求。就龙舟建造的维度而言，传统龙舟建造多用木料，制作难度大，维修成本高，不易保存，且因为过于沉重，搬运困难。而用新型玻璃纤维取代传统的樟木、杉木与松木材料，有效解决了传统龙舟易潮湿腐烂、蛀虫损毁的问题，并对龙舟样式、长度与宽度进行统一，更有助于中华龙舟运动在全社会的推广。就当代龙舟运动的竞赛规则而言，中华人民共和国成立以来，国家及地方政府将女性纳入中华龙舟运动的竞赛场域，让女性可以正大光明地进行龙舟比赛，并改变了以往传统抢标的竞渡形式，统一采取"计时"方法判定比赛成绩。就国际传播而言，现代龙舟运动越来越受到各个国家和地区的欢迎，其国际化传播达到较高水平。另一方面，在现代竞技龙舟如火如荼的发展形势下，部分地区的传统龙舟竞渡却存在治理不当的问题，严重制约着中华龙舟运动的整体发展。例如，桂林市鲁家村龙舟在"桃花江"遭遇安全事故以后，就陷入了一种被官方禁止的状态，这种"一刀切"的竞渡管理方式严重制约了当代龙舟运动的传承与发展。这种现象，需要引起我们的反思，如果我们能进一步完善相应的安全救援措施，落实责任主体，强化安保力量，中华龙舟运动的安全隐患是可以维持在一个可控的范围之内的。另外，每当出现这些安全隐患之后，难道只有禁止中华龙舟运动这一条解决路径吗？如果是这样，中华龙舟运动的未来发展该走向哪里？上述问题都需要我们青年学生继续思考，扎实调研，提供新的思路与见解，开辟新的路径，为传承中华龙舟文化略尽绵薄之力。

四、当代龙舟运动的前景展望

拥有指导思想，并不意味着当代龙舟运动的发展可以一帆风顺。在新时代的发展过程中，当代龙舟运动必然要解决前进途中遭遇的重重阻碍，唯有朝着职业化、市场化、生活化、国际化与教育化等方向发展，才有可能促使中华龙舟运动更上一层楼，实现"十四五"时期的再次腾飞。

1）当代龙舟运动的职业化

经过改造的中华龙舟运动，它未来的发展，必然与"传统龙舟竞渡"存在实质区别。

作为一项竞技体育项目的中华龙舟运动，一定会朝向职业化的方向迈进。实现职业化的中华龙舟运动可以进一步促进中华龙舟文化与国际接轨，学习国外的管理模式、人才梯队建设以及俱乐部组织管理模式，实现高质量发展。然而从现阶段中华龙舟运动职业化的发展困境来看，主要存在运动、训练及竞赛经费的来源过于单一，依赖政府的专项经费，缺乏自给自足的能力。职业运动员的培养缺乏系统性，没有真正建立起龙舟运动员的遴选机制，表明龙舟运动员的体系化培养任重道远。中华龙舟运动的职业队伍比较少，主要以农民与职工为主，缺乏长期规划，通常是有大型比赛时就临时组队参加训练，没有比赛时就各自为政，自谋生路，队伍的稳定性很差。同样在龙舟赛事领域，其层次结构还不完善，系统性相对不够完善，缺乏必要的晋级机制。最后，中华龙舟的产业化发展相对滞后，市场推广不够，缺乏基本的消费群体[1]。由此可以看出，中华龙舟运动的产业化还面临许多困难亟待克服。

首先，通过建立职业化的俱乐部，进一步扩充中华龙舟运动的经费来源。中华龙舟运动的相关活动仅仅依赖政府的专项资金，不是长久之计。各个地区的龙舟协会应借鉴国外的管理模式，形成职业化的龙舟俱乐部，通过开展系列赛事活动，实现经济创收，以扩大经费来源，减少政府的财政负担。其次，建立健全中华龙舟运动的人才培养体系。中华龙舟运动职业化人才主要包括专业运动员、专业教练员、专业裁判员、赛事运营与管理人才以及各个层次的人才梯队。因此，中华龙舟运动的人才培养必须是政府+社会+学校的多元联合模式。依托学校培养各类龙舟人才，进一步让运动员、教练员与裁判员的人才梯队合理化，促使中华龙舟运动的人才队伍建设更加合理，效果更加显著。再次，针对目前中华龙舟运动赛事体系不完善的问题，应着手构建多元化的龙舟赛事体系，从国际级、国家级、省级、市级、县级再到村落之间，都应该分布有龙舟赛事，且设置好晋级制度。并且将专业龙舟赛事与业余龙舟赛事结合起来，将高级别职业赛事与低级别职业赛事结合起来，进而推动中华龙舟运动赛事的相互促进。最后，应加强中华龙舟运动的宣传，利用新型的数字传播媒介，让中华龙舟运动及其文化随处可见，深度刺激人民群众对中华龙舟运动的消费需求。

要真正实现职业化的中华龙舟运动，资金来源一定要丰富，各种人才体系建设要趋于完备，赛事运营体系与宣传体系要发达。随着社会转型与全球化程度的加深，中华龙舟运动如果仅仅依赖民俗维系是不够的，必须同规范的现代竞技运动结合起来。换言之，职业化是中华龙舟运动实现高质量发展所必须依赖的途径之一。完成职业化

---

[1] 曲永鹏，聂晓梅. 龙舟运动的职业化发展困境与对策研究［J］. 科技资讯，2019，17（36）：227，229.

之后的中华龙舟运动，将拥有完善的人才梯队，可以进一步在世界范围内传播中华龙舟文化。

2）当代龙舟运动的市场化

从现阶段来看，中华龙舟运动拥有强大的群众基础，大型龙舟赛事一般都有数量可观的观众群。为了更好地推动"传统龙舟竞渡"向"现代龙舟运动"的转型，其必要的路径就是实现"市场化"。中华龙舟运动的市场化同其他社会公共产品一样，必须以市场需求作为导向。如果没有市场的支持，龙舟运动的影响力将会受到限制，无法满足其高质量发展的需求。因此，中华龙舟运动的市场化发展必须妥善处理好市场与政府的关系，厘清政府与市场的角色，使其各司其职，共同保障龙舟市场的有序运行。一般而言，政府是中华龙舟运动市场的"守夜人"，一旦市场秩序失范，政府就会发挥自身作用，通过行政手段、经济手段与法律手段进行宏观调控，将失序的市场拉回正常运行的轨道。而市场就像一只看不见的手，对中华龙舟运动各个方面的资源配置起决定性作用。因此，妥善处理好政府与市场的关系，有助于进一步推进当代龙舟运动的市场化发展。

首先，就中华龙舟运动与市场的关系而言，龙舟赛事、龙舟制造、龙舟文创、龙舟培训及龙舟相关产业都离不开市场的支持。通过市场催化，有助于进一步激发中华龙舟运动的产品生产活力，生产出广大人民群众喜爱的龙舟产品，创造出具有中国特色、中国品质与中国风格的龙舟运动品牌。在此基础上，推动中华龙舟运动的市场化发展一定要契合当前国民经济发展的整体目标，通过市场化的资源分配，将具有一定经济实力的企业引入中华龙舟运动的相关领域，并拉动龙舟产业的持续发展。另外，立足中华龙舟文化的独特性、丰富性与民俗性，多方位借助互联网、电视、抖音、直播、哔哩哔哩等新型技术媒介，市场化宣传中华龙舟的制作方法、竞赛形式以及传统习俗，并通过这种宣传实现市场运营，将中华龙舟运动竞赛、中华龙舟运动文创、中华龙舟运动品牌的市场资源进行整合，最终完成中华龙舟运动的市场化。

其次，就中华龙舟运动与政府的关系而言，政府的政策、规划与必要的宏观调控应对中华龙舟运动的市场化起到良好的引导作用。因此，必须构建政府与市场各司其职的协同合作模式，即在尊重市场决定性地位的同时，建立可靠的政府宏观调控体系。在这种模式下加强政府与市场的合作主要依赖两种途径：其一是利用市场吸纳更多资源进入中华龙舟运动领域，为其市场化运转奠定前期基础；其二是利用政府的财政及税费支撑，优化龙舟产业的空间布局，从而形成地方龙舟产业的聚集化发展，以此激发地方龙舟市场的规模效应。

最后，中华龙舟运动应进一步完善市场体系，发挥龙舟产业的经济带动作用，让中华龙舟运动持续促进地方经济的发展。以此为基础，加强政府与市场的沟通，让中华龙舟运动汇集多方资源的支持，切实推进中华龙舟运动的市场化进程。市场化主要从两个方面促进中华龙舟运动的深度发展：其一，市场可为中华龙舟运动的持续发展提供如消费群体、资金储备等优势资源；其二，市场又可以促进中华龙舟运动破除阻碍其发展的各种因素，最终促进中华龙舟运动市场化的完成。

3）当代龙舟运动的生活化

中华龙舟运动的未来发展，除了职业化与市场化外，还应积极融入人民群众的日常生活，进一步促进全民健身与全民健康事业的发展。国家曾在《关于实施中华优秀传统文化传承发展工程的意见》中明确指出，"把中华优秀传统文化内涵更好更多地融入生产生活各方面"。中华龙舟运动作为中华优秀传统文化的组成部分，更应该契合国家要求，在其所属文化生态圈的学校、社区与村落积极开展各种竞赛活动；并且打造新的形式，赋予新的时代内涵，让龙舟从传统民俗的"仪式"与精英竞技的"项目"中解放出来，使其回归到人民群众的日常生活中，让人们尽情享受中华龙舟运动带来的欢乐。

首先，进一步推动中华龙舟运动进校园。校园龙舟教育应坚持技术训练与日常锻炼并重，龙舟运动理论教育与龙舟运动实践教育并行，积极组建校园龙舟社团、校园龙舟队以及校园龙舟文化论坛等，以校园为单位，邀请兄弟学校开展龙舟大赛。另外，在中华龙舟进校园的过程中，应该秉持着实事求是、因地制宜的原则开展龙舟活动。例如，在缺水少河的地区，可适当变通，举行旱地龙舟运动；在冰雪严寒的地区，水面结冰，一般龙舟运动无法正常进行，可举行冰雪龙舟运动。当然，在校园开展龙舟运动的过程中一定要时刻铭记"安全第一"的原则，对学生再三强调相应的技术规范，做好相关的应急措施与安全防护。与此同时，还应该加大对校园龙舟运动的宣传，通过各种宣传媒介让校园龙舟走出校园，进而融入大众的日常生活，通过学校龙舟教育吸引更多人参与到中华龙舟运动之中，进而促进中华龙舟文化的传承。

其次，积极推动中华龙舟运动的传播与普及。政府应加大地区之间龙舟运动的交流，比如创办南北龙舟联赛、传统龙舟表演赛等文体活动，并通过海外华人、体育名人、体育竞赛、传统体育运动会、直播活动与政府官网等宣传途径，助推龙舟运动的传播，实现中华龙舟运动在人民日常生活中的文化再生产。另外，传播中华龙舟运动不仅是政府的责任，也是每一个中国人的义务。作为青年学生，我们应该积极发挥自己的聪明才智，对中华龙舟运动的相关文化加以改造，创编线上及线下的龙舟文化作品，让中华龙舟运动进一步在人们的日常生活之中生根发芽，完成中华龙舟运动生活化、日常化与普及化的目标。

最后，中华龙舟运动凭借自身丰富多彩的外在造型、开放包容的文化心态及全民共享的项目优势，在促进全民健身、推动全民健康和巩固民族团结方面发挥着重要作用。我们可以将中华龙舟运动的生活化视为积极践行中华优秀传统文化的一种具体方式，在此过程中，应进一步激发中华龙舟运动的日常健身功能，让龙舟运动帮助人们强健体魄、享受乐趣与愉悦身心，并形成一种以生活为核心，以全民健身及全民健康为指导，以常态化、体系化与制度化为发展模式，进而推动中华龙舟运动走进寻常百姓家，积极丰富我国人民群众的业余生活，形成延绵不绝的理想传承方式，最终完成中华龙舟运动生活化的使命。

4）当代龙舟运动的国际化

著名人类学者马林诺夫斯基对待文化分歧有着开明思想，极为推崇"习明纳"（Seminar）理念，强调保持"文化对话"的态度。同样，中华龙舟运动的国际化也应采取"文化对话"的态度，开拓中华龙舟运动的国际视野，建立海外龙舟人才培育基地，举办大型龙舟比赛。

首先，开拓中华龙舟运动传播者的国际视野，使其对国际竞渡文化与中华竞渡文化的差异有全面认知。加强中华龙舟文化传播者对"世界体育史"的学习，避免在"走出去"的过程中触及东道主国家的文化禁忌，引起文化排斥。培育中华龙舟文化传播者树立"文化自觉"的理念，促使中华竞渡文化在多元竞渡文化中确立自己的位置，保持自身特质。支持中华龙舟文化传播者联合国际友人一同建立和平相处、各施所长、联手发展的"人类竞渡共同体"。

其次，建立海外龙舟人才培育基地，依托国内体育高校与孔子学院，培养既懂中华竞渡文化，又懂外语交流和国际文化的龙舟人才。增加国内体育高校中华龙舟运动的专项名额，培育专业人才。孔子学院需编撰中华龙舟文化的国际版教材，完成中华龙舟文化国际术语、专有概念及技术手册的翻译工作，破解中华龙舟文化海外传播的语言难题。国内体育学院与孔子学院应建立合作关系，由国内体育高校选派龙舟教练前往孔子学院进行技术指导，以解决专业人才匮乏的问题。

最后，举办大型国际中华竞渡赛事。通过国内的中华竞渡赛事，吸引国际友人参赛，观看与传播中华竞渡文化，如香港地区举办的国际龙舟大赛就吸引了众多国际友人参赛，促进了国际友人理解中华竞渡文化。由华人华侨在异国他乡举办的赛龙舟等竞渡活动，可引发国际友人的兴趣，促使其建立良好的第一印象。国家应依托华人华侨的力量,加强海外竞渡赛事的举办。如2022年"全英中华端午龙舟会"在英国索尔福德市举行,共有36支龙舟队参赛,吸引千余人观看。与香港、澳门、台湾联合举办中华龙舟大赛,加强彼此的文化联系,强化中华民族共同体意识。

5)当代龙舟运动的教育化

中华龙舟运动不仅是现代意义上的竞技体育活动,还是传统意义上的民俗竞渡活动。目前,中华龙舟运动正在脱离传统竞渡的民俗文化意蕴,亦步亦趋地走向西方竞技体育,这就必然导致中华龙舟运动原有的习俗、礼仪、信仰、禁忌等传统元素日益减少。然而,身为新时代的青年学生不应该淡化龙舟运动所承载的中华传统文化,更不能让中华民族传统体育过度西化。中华龙舟运动如果舍弃本土文化而去追逐形式上的西方体育的认同,无疑是舍本逐末,最终只能沦为一项普通的划船项目。譬如"屈原杯"龙舟大赛虽然在形式上保留了纪念屈原等传统元素,但真正的精神内涵以及传统文化在一定程度上被淡化了,更多凸显的是现代竞技体育中的"功利性"。因此未来的中华龙舟运动需要进一步强化中华传统文化教育,让中华龙舟运动的发展与弘扬中华传统文化保持一致。

首先,构建中华龙舟运动传承主体的多元化,加强传统文化的熏陶与教育。从田野调查的情况看,中华龙舟运动拥有广泛的群众基础,除了职业运动员外,还包括农民、工人、职员以及龙舟运动的业余爱好者。政府应联合中华龙舟运动的相关组织者,对这些多元化的主体进行中华传统文化教育,以促使中华龙舟运动传承者树立高度的文化自信与文化自觉。特别是近些年来,中国家庭的孩子成了"小霸王",衣来伸手饭来张口,慢慢成为"精致的利己主义者"。而中华龙舟运动则是一种相当讲究团结协作的群体性项目,想要比赛赢得胜利,就必须全体运动员团结一心,迎难而上。如果运动员、鼓手、舵手不能协调一致,那么龙舟就无法顺利地到达终点。因此,在校园开展中华龙舟运动能够很好地培养学生的团队意识和团结精神,从而使其克服内心深处的自私人格,树立和培养为国奉献的远大志向与高尚德行。

其次,强化中华龙舟运动的精神教育,促进中华传统文化的认同感。中华龙舟运动有着奋勇争先、力争上游的竞技精神,团结协作、凝心聚力的团队精神,与民同乐、和谐相处的娱乐精神(详见第三章)。我们在进行中华龙舟教育的过程中,需要进一步弘扬其自强不息、发愤图强的内在精神,不断提升中华龙舟文化的情感认同、价值认同与心理认同。例如,政府可以通过鼓励群众参与传统龙舟民间组织,与高校合作培养传统龙舟运动的传承人及举办传统龙舟赛等途径,让人们在潜移默化中接受中华龙舟运动的精神浸润。

最后，中华龙舟运动的发展不能以遗弃传统文化为代价，人们在面对传统龙舟竞渡日益边缘化的今天，应该强化反思性教育。也就是说，中华龙舟运动始终是中华传统文化的产物，不能为了国际化就全盘西化，丧失了文化自信的初心。我们应该以中华龙舟运动的当代复兴为契机，持续推进中华龙舟运动的深入化教育，呼吁人民群众共同弘扬中华传统体育项目以及中华优秀传统文化，真正实现中华龙舟运动兼顾"国际"与"传统"的二重发展。

五、中华龙舟运动的国内外研究进展

学习中华龙舟运动的研究进展是我们深入认识中华龙舟的关键步骤，它主要分为国内、国外两个部分。事实上，中华龙舟运动的研究以国内为主，重点在于考证中华龙舟运动的缘起、发展与文化意义，充分体现出龙舟研究的中国特色、中国风格与中国气派。

1) 国内研究进展

中华龙舟运动作为一项优秀的民族传统项目，自然受到国内很多学者的关注，并且也取得了较为丰硕的研究成果。自从20世纪80年代中华龙舟运动复兴以来，国内专家学者围绕中华龙舟这一主体形成了系列研究成果。为了简明扼要地对中华龙舟运动的基本研究情况进行介绍，我们按照研究主题进行了划分，形成了以历史考据、田野调查、追忆祈福、龙舟精神、现代龙舟等为主的几个方面。

其一，以历史考据为主的研究。王赛时认为，民间的竞渡，引起了皇家宫廷的极大兴趣，从武则天时开始，皇家在长安宫苑内的兴庆池、鱼藻池及其他湖池上举办竞渡，由禁军将士充任舟子，争强比胜[1]。崔乐泉认为，龙舟竞渡是中国南方和东南亚等地历史悠久、分布广泛的一种传统习俗……被长期保留了下来[2]。万建中认为，首先将龙舟竞渡与纪念屈原联系起来的，可能为湖南岳州（今岳阳）人民。已知的表现唐代民间竞渡习俗的诗歌，不少都与岳阳有关，如张建封的《竞渡歌》、元稹的《竞渡》、张说的《岳州观竞渡》等[3]。任海指出，龙舟竞渡最初只在长江下游一些地区进行，东汉后逐渐扩展到其他地方，南北朝时成为全国性的节令活动，隋唐时已经有相当的规模了[4]。何根海认为，龙舟竞渡有祈晴求雨、祈求丰收、祈求多子等文

---

[1] 王赛时. 唐代的竞渡 [J]. 体育教学与科研, 1985 (3): 58-60.
[2] 崔乐泉. 中国古代的龙舟竞渡 [J]. 江汉考古, 1990 (2): 91-96.
[3] 万建中. 龙舟竞渡活动的历史渊源 [J]. 体育文化导刊, 1995 (3): 44-46.
[4] 任海. 中国古代体育 [M]. 北京：商务印书馆, 1996: 171.

化意蕴①。郝勤认为,划龙舟比赛起源很早,且与南方吴越民族的原始崇拜有密切关系。但是划龙舟成为大规模的竞技运动,则源于纪念战国时期伟大的爱国诗人屈原②。杨桦认为,到了明清时期,龙舟竞渡已经形成了完整的组织条例和规则,比赛方法的逐步完善使龙舟竞渡成为我国民间传统体育最为活跃的一个竞赛项目③。以历史考据为主的龙舟研究,传承有序,形成了体系化、脉络化、阵营化的学术成果体系。他们秉承历史考据的扎实学风,利用考古学、历史文献学、文物学等学科方法对龙舟的历史源流进行了细致研究,形成的历史考据成果为后人深入研究奠定基础。

其二,以田野调查为主的研究。张伦笃先生认为,从今日的形势看,在今后很长一段时间内,中国女子龙舟将是世界上一支不可忽视的力量④。杨琇绿认为,赛龙舟时,从那扬波疾驰的龙舟,挂满家畜家禽的龙头,以及水手们威武、英勇战斗的姿势来看,俨然一副活生生的渔猎风俗画⑤。向军等认为,尽管麻阳龙舟赛与其他地方的龙舟赛以及龙舟赛与其他民俗体育在礼物属性和商品属性的程度和方式上各有不同,但随着民俗体育礼物属性的增强,其商品属性会不断发展的趋势是一致的。那些尚未被商品化的民俗体育可能是因为礼物属性没有充分发展而没有较大的商业价值,也可能如麻阳其他具有潜在商品价值却未被产业化的龙舟赛一样,其商品价值还没有被村民们利用起来⑥。以田野调研为主的龙舟研究,从最初的经验描述已经逐步深入到学理探讨的程度,为丰富我国龙舟运动的研究成果作出了自身的努力。通过这些作品,我们可以感受到学者们对田野调研的理解越来越深刻,对龙舟的"深描"也越来越细致,为我们认识中华龙舟运动提供了鲜活生动的案例材料。其实,田野调查是研究龙舟运动比较好的一种切入方法,借助于田野调查往往可以获取第一手科研资料,而且可以使研究者直观感受我国龙舟运动的现实发展状态。但是,基于田野调查的龙舟研究还缺乏一批"精品力作",学术视野还往往局限在表象,未能与宏观的社会结构进行联结,所形成的结论不具有广泛的解释力。

其三,以追忆祈福为主的研究。江立中认为,文化是社会实践的产物,是一种社会现象。龙舟文化价值追求的发展变化,始终保持了鲜明的民族品格,以及纪念屈

---

① 何根海. 端午龙舟竞渡的新解读[J]. 历史月刊, 2002, 173: 76-81.
② 郝勤. 体育史[M]. 北京: 人民体育出版社, 2006: 227.
③ 杨桦. 体育史[M]. 北京: 北京体育大学出版社, 2014: 78.
④ 张伦笃. 当代中国龙舟: 献给共和国成立四十周年[J]. 体育文化导刊, 1989(2): 4-7.
⑤ 杨琇绿. 龙舟文化探源[J]. 广西民族大学学报(哲学社会科学版), 1994, 16(1): 32-37.
⑥ 向军, 张智. "礼物"与"商品"兼容: 民俗体育产业化的二重性特征: 基于湖南麻阳民间龙舟赛的田野考察[J]. 北京体育大学学报, 2022, 45(4): 121-133.

原并使之成为组织社会生活的凝聚力的特点[1]。姚正曙与何根海认为，龙舟竞渡最原始的蕴意应是先民的一种崇拜祭祀龙图腾的仪式，具有降神、祭神、娱神的功能[2]。湖北省社科院原党组书记陈昆满认为，龙舟文化的起点，是古代的龙舟制作与龙舟竞渡。这是人类征服自然的初始凯歌之一，又是胜利后喜悦情绪外泄的初始方法之一，更是人类追求真善美崇高审美理念的初始表达状态之一[3]。王俊奇认为，每举行一次纪念屈原的龙舟竞渡，就是一次非常深刻的爱国主义教育活动，从而起到净化思想的作用，这也是我国精神文明建设对体育所提出的要求[4]。谭华指出，一般认为端午节起源于古代长江中下游的图腾祭，又因为纪念屈原而广为流传。在五月初五即端午这天，许多地方都要举行龙舟竞渡、系长命缕、吃粽子等活动[5]。程鹏认为，中国古代的龙舟习俗主要是一种驱邪的巫术活动，其竞渡的活动与目的也都是如此。如今的龙舟风俗所展现给大家的主要是群众的娱乐及游艺活动。而通过对中国古代龙舟风俗的阐述，更能使人们加深对中国传统节日的文化认识[6]。以追忆祈福为主的龙舟研究，围绕着中华龙舟运动的主要功能，将其纪念屈原、祭祀祖先、祈福未来的功能介绍得非常清楚，并在此基础上，进一步阐释了中华龙舟各项功能的意义，让我们知晓古代先民通过龙舟这项民俗文化活动所表达的文化意蕴。当然，以追忆祈福为主的研究也应该与时俱进，不断深入现代社会龙舟运动的具体发展问题，挖掘出中华龙舟运动新的功能价值。

其四，以龙舟精神为主的研究。倪依克等认为，龙舟活动自身具有健旺的生命力和吸引力，从情感上能与大众产生共鸣，人们才会爱护、遵从和参与这样的活动，并且愿意让后代传习[7]。杨罗生认为，中华民族自古具备的协作精神、群体意识，产生于与人奋斗的实践之中。许多地区把龙舟竞渡与纪念屈原等仁人志士联系在一起，固然有爱自己的国家、爱自己的民族等重大道德伦理意义，但是其价值取向的底蕴，似不外乎崇尚集体主义[8]。王明东等认为，随着社会生产方式的改变，汨罗的龙舟竞渡文化发生了演变，利益主体及参与的面均发生了改变，但纪念屈原以弘扬爱国主

---

[1] 江立中.屈原与龙舟文化［J］.云梦学刊，1993，14（1）：6-7.
[2] 姚正曙，何根海.龙舟竞渡的起源探析［J］.成都体育学院学报，2000，26（6）：36-38.
[3] 陈礼荣."中国荆州龙舟文化研讨会"综述［J］.学术月刊，2001（7）：110-112.
[4] 王俊奇.试论我国岁时体育的文化特征［J］.北京体育大学学报，2001，24（3）：302-304.
[5] 谭华.体育史［M］.北京：高等教育出版社，2005：69.
[6] 程鹏.我国古代的龙舟风俗［J］.兰台世界，2012（31）：76-77.
[7] 倪依克，孙慧.中国龙舟文化的社会品格［J］.成都体育学院学报，1998，24（3）：16-20.
[8] 杨罗生.驾起承载雅俗文化的龙舟：论龙舟竞渡的起源及其文化意义［J］.衡阳师范学院学报，2005，26（5）：27-31.

义精神的深刻内涵并未发生改变①。黄丽云认为,现在中国的屈原崇拜被认定是国家级的非物质文化遗产,每年端午节到来时,汨罗江举行着盛大的自古以来的祭龙竞渡,具现化了龙神崇拜,因此可以断言龙舟竞渡即政权符号的龙舟文化②。刘会平认为,龙舟运动作为中国传统体育项目,蕴藏着几千年深厚的文化底蕴,中华龙舟大赛对创新传承方式、重新焕发龙舟运动的精神活力做出了成功的尝试,同时给主办地带来了更多文化产业发展的运作空间、体育产业发展的思考空间、文化旅游体育产业融合发展的拓展空间③。以龙舟精神为主的研究,已经从参与者的情感共鸣、协作精神、群体意识、爱国精神等主观层面进行了深入研究,这对于宣传中华龙舟的价值具有极为重要的意义。通过前人的研究,我们更能鲜活感受龙舟精神给我国人民日常生产、生活带来的积极影响。当然,未来关于中华龙舟精神的研究还不能仅仅停留在现有精神的发掘上,还应该将这种精神与人们的龙舟实践结合起来,让龙舟精神更好地促进中华龙舟运动高质量发展。

其五,以现代龙舟为主的研究。1984年,国家体委做出了把龙舟列为正式比赛项目的决定。自此之后,端午龙舟竞渡与体育比赛正式结合,组织工作由民间转向政府,且组织工作较为严密,纳入了体育活动项目之中,这对我国普及与发展龙舟运动,具有积极的促进作用。孔繁敏认为,中国传统龙舟竞渡与西方现代赛艇比赛尽管是在不同历史条件下形成的水上体育项目……两者既可以加强交流与融合,也有必要各行其道、并行不悖,以呈现多元并存、精彩纷呈的世界体育文化④。于秋生等认为,现代龙舟运动的竞技性逐步增强,体现在龙舟质量的变更与龙舟技术的变化以及运动员选择的变化等方面⑤。戴福祥认为,龙舟运动作为新中国成立以来的优秀传统体育项目,不仅在国内取得了显著的成就,而且在国际上也得到了长足的发展⑥。隋文杰等认为,中华龙舟运动的海外开展存在相关组织欠缺、专业化程度有待提升、基础设施缺乏、开展经费紧张、自然人文资源基础欠缺、开展相对困难等现实困境⑦。黄金葵认为,随着

---

① 王明东,张亚芝,李四玉.试析汨罗龙舟竞渡文化的传承与演变[J].思想战线,2008,34(2):139-140.
② 黄丽云.龙舟文化等同政权符号:屈原崇拜与竞渡之国际比较[J].云梦学刊,201031(4):54-60.
③ 刘会平.论举办"中华龙舟大赛"的积极作用[J].中华文化论坛,2015,7(7):83-86.
④ 孔繁敏.从龙舟赛艇发展看中西体育文化差异[J].体育文化导刊,2008(9):85-87.
⑤ 于秋生,李宇树,徐宏兴,等.现代龙舟运动发展特点及其无形资产的开发与利用[J].山东体育学院学报,2008,24(9):34-36.
⑥ 戴福祥.现代龙舟运动发展的文化审视:从《边城》中真实的赛龙舟出发[J].成都体育学院学报,2011,37(11):49-52.
⑦ 隋文杰,王永顺.中华龙舟运动海外发展的困境与出路:基于全球华人龙舟培训班学员的调查[J].体育文化导刊,2017(9):15-19.

中国各城市河湖水系各项治理工程稳步推进，终将为端午节赛龙舟传统体育民俗带来创新发展的新契机①。以现代龙舟为主的龙舟研究，紧扣时代发展的主题，对中华龙舟运动的竞赛规范、中西比较、运动员选才、技术训练、职业化发展及民俗治理等方面予以推进，让我们感受到现代中华龙舟运动与时俱进的别样风采。但是，前人关于现代龙舟运动的研究往往局限于整体的宏观概况，缺乏细致入微的个案分析，这将阻碍现代中华龙舟运动研究的深入。

整体而言，中华人民共和国成立以来，学术界关于中华龙舟的研究取得了较为丰硕的成果。从理论意义上来说，中华龙舟的相关研究丰富了我们关于中华民族传统体育的认识，深化了我们对中华民族多元一体特征的认识，有助于彰显我国竞渡文化的自信自觉。从实践价值来说，中华龙舟运动的相关成果有助于推动中华龙舟运动在训练、竞技、产业、文化等领域的长足发展。前人主要围绕"历史考据""田野调查""追忆祈福""龙舟精神"及"现代龙舟"等方面的研究，丰富了我们对中华龙舟运动的认识，为后世学者继续深入探讨奠定了坚实基础。

2）国外研究进展

国外关于龙舟的研究，集中在历史描述、竞赛训练及健康促进等方面。其一，以历史描述为主的研究。越南学者文新指出，水上活动的另一形式是祭祀水神的献祭形式。在大船上搭船台，载铜鼓（呼唤下雨）、铜瓶（盛装圣水），还有手持神弓的人和狗守卫，并持矛刺向被捆绑的水（怪）②。日本学者君岛久子很早就在关注中国的龙舟运动，她在吴泽霖关于苗族龙舟节的调查报告基础上，撰写了《贵州清水江苗族的龙舟竞渡》，提出了"竞渡是在沅、湘之间开始的"③。小松原涛描绘了"3月20日左右，春光明媚，仿制大唐朝的龙舟得以完成，积极召集雅乐寮的人们，乘船出游，享受春日之美妙……船上坐樱花般容颜的小童八人，穿着特制的唐装样式服装……手持镀金花瓶中插入樱花枝条，春日阳光从云缝中溢出，霞光满面，微风吹拂，樱花雨飘散开来……"龙船上的一切布置都是为了贵族们的享乐，华丽的龙船既无宗教的意味，也无展示权威的政治意图④。接着，小松原涛又认为，平安朝时代的朱雀天皇时期（931—938年），由源顺撰编的《倭名类聚抄》首次记载了水上竞渡活动，但并不是记载的日本国内的竞渡，而是较详细地介绍了中国河南洛阳都的龙舟竞渡

---

① 黄金葵.现代龙舟赛去仪式化现象的人类学反思［J］.首都体育学院学报，2017，29（1）：21-25.
② ［越］文新，等.雄王时代［M］.梁红奋，译.河内：越南科学出版社，1976.
③ ［日］君岛久子.贵州清水江苗族的龙舟竞渡［J］.张真，译.贵州文史丛刊，1985（5）：52-56.
④ ［日］小松原涛.天草のペーロン志［M］.長崎：天草民報社，1985.

活动①。以龙舟历史描述为主的龙舟研究，揭示出龙舟祭祀水神的内涵，考察了地方龙舟的历史起源，以及描绘了国外人们乘坐龙舟的情境，这为我们认识中华龙舟运动提供了更加多元化的宝贵资料，让我们以更加开阔的学术视野看待龙舟运动的发展。当然，搜集的研究成果可能还有局限性，也有可能只是其中的代表，这就需要我们青年学生继续努力学习，开掘更加多元的资料，进一步丰富和纠正我们关于这一民族传统体育运动的认识。

其二，以训练竞赛为主的研究。国外有学者研究认为，龙舟是一项非负重运动，需要费力和重复运动的是上半身。但下肢和躯干无力的运动员会因坐姿不平衡而影响比赛成绩，其受伤的风险也会增加。针对这种情况，研究人员创新设计了一个具有自动适应功能的座椅系统，这种自适应座椅系统提供了最佳支撑和所需的稳定性。可调节的支架和可调角度的座椅，有助于运动员最大限度地发挥上肢功能，并且特别强调了安全措施和快速安装②。另外，有学者指出，龙舟运动是中国的一项传统活动。近年来，龙舟运动在世界各地越来越受欢迎。为了迎接更多的挑战，运动员们迫切需要增强自身的实力。因此科学的训练方法对运动员来说尤为重要，而准确的训练数据是支撑科学训练的基础。传统的数理统计方法既不能对信号进行准确采样，也不能实时分析并将特征反馈给每个运动员。通过使用内置三轴加速度计和心率传感器的可穿戴设备可对运动员的速度信号和心率信号进行采样。具体操作如下：首先，将参加龙舟比赛的 23 名龙舟运动员作为 23 个节点，建立一个 23 个节点的网络，通过测量节点删除对比赛结果的影响来反映节点的重要性。其次，利用神经网络多层感知器（MLP）模型进行训练，获得各阶段速度和心率的最优组合值。最后，这组数据的最优值将在模拟比赛中作为目标值来验证是否有助于提高训练效率。实验结果表明，该方法得到的最优值对龙舟比赛的结果有积极的影响，有利于体育训练和战术规划的实施③。以训练竞赛为主的龙舟研究，让我们感受到现代龙舟运动正逐步融入竞技体育当中，具有科学实用的训练手段及竞赛分析手段。国外对于龙舟的科学化训练具有较高水平，为我国龙舟运动的训练提供了经验借鉴，也为我国构建高水平的龙舟运动训练理论奠定经验基础。相较于国外关于龙舟运动训练的成果而言，我国在这一方面的研究还不突出，需要努力跟进。

---

① ［日］小松原涛.ペーロンの祭日について［M］.長崎論（第四十辑），1988：63-65.
② Lee H W M, Kwan H H, Cheng B F C, et al.A novelty universal adaptive seating system for dragon boating［J］. Prosthetics and Orthotics International，2012，36（3）：361-365.
③ Li Y, Liu P H. Artificial intelligence-based real-time signal sample and analysis of multiperson dragon boat race in Complex Networks［J］.Complexity，2022（2022）.

其三,以健康促进为主的研究。有学者认为,龙舟运动为乳腺癌幸存者提供了一个增加身体活动的机会。然而,高质量的参与体验还有待探索,龙舟运动沉浸式的参与是一个人的主观感知和体验。虽然已有证据表明龙舟运动能够提供高质量的运动体验,但还需要进一步的探索。龙舟运动有助于培养乳腺癌幸存者龙舟队高质量参与要素的策略,并了解这些策略在这些团队中实施的环境[①]。有学者认为,体育活动经历可能有助于乳腺癌幸存者的心理健康。该项研究对超过19个月的乳腺癌幸存者的社会关系、社会支持以及创伤后发展等主题进行讨论,并选取了17名乳腺癌幸存者的半结构化访谈资料,在她们划船的前两个赛季的五个场合中,研究人员为每位参与者设计了运动行为体验访谈,并形成了四种描述社交和创伤后成长发展过程的简介:"培养一种活跃的生存精神","我不希望这只是关于我自己","这与粉色无关,而是与划水有关"以及"难以接近"。相关研究从发展社会关系和支持、为他人提供支持、身体素质和运动能力以及负面互动和经历等方面讨论了经验支持[②]。以健康促进为主的龙舟研究,采用了多元的研究方法,既有量化的问卷分析,也有定性的深度访谈。国外在龙舟健康促进方面的研究,多以女性乳腺癌运动员为讨论对象,并进行了一系列较有深度的研究。我国学者也需要汲取这一方面的研究成果,推动新时代龙舟与健康促进领域的深度发展。

整体而言,我们从上述文献梳理中可以发现,国内关于龙舟运动的研究形成了一定的学术传承,从20世纪80年代,我国对龙舟运动的研究一直持续至今,形成了成果丰富、传承有序、百家争鸣的学术研究局面。相较之下,国外对中华龙舟运动的研究比较少,主要以日本和越南等亚洲国家为主。另外,国外围绕龙舟训练竞赛、健康促进等方面得出了一批高水平的研究成果,对我国龙舟运动的相关研究起到积极促进作用。回顾文献,前人关于龙舟运动的概念、历史、产业、仪式等领域的深入研究,为我们深入研究中华龙舟运动奠定了坚实的基础。作为青年大学生,我们应该秉承老一辈学者的学术初心,沉下心来,鼓足干劲,继续开拓中华龙舟运动的学术研究,促进中华龙舟运动长久发展。

---

① Fong A J, Saxton H R, Kauffeldt K D, et al.We're all in the same boat together : Exploring quality participation strategies in dragon boat teams for breast cancer survivors [J]. Disability and Rehabilitation, 2020, 43 (21): 3078-3089.
② McDonough M H, Sabiston C M, et al.The development of social relationships, social support, and posttraumatic growth in a dragon boating team for breast cancer survivors[J]. Journal of Sport &Exercise Psychology, 2021, 33(5): 627-648.

第三章

中华龙舟运动的当代价值

从历史中走来的中华龙舟，无论是在宫廷赏游或水嬉活动中，还是在地方性民俗活动中，又或者是体育竞技赛事中，竞技性是其最为主要的一种属性呈现，尤其是当代龙舟运动的发展，在这一点上体现得更为明显。当然中华龙舟还具有祭祀、驱瘟、祈福、观赏、娱乐等多种表现用意，除此以外，历久弥新的中华龙舟运动在兼具上述所涉及的内容基础上，亦呈现出多元化的当代价值。特别是在新时代传统文化资源挖掘与整理以及文化复兴的背景下，客观呈现中华龙舟所承载及体现出来的时代价值，是我们认识这一中华优秀传统文化资源必不可少的一个方面。

第一节　中华龙舟运动的多元价值

中华龙舟运动的当代价值具有多元性，从身心层面来说，既有身体健康维度的技术锻炼，也有心理维度的文化认同；从作用范围来说，既有个体的乐在其中，也有整体的团结协作。一般认为，中华龙舟运动的当代价值主要包括体现竞合思想的体育价值、传承中华文化的历史价值、彰显礼仪教化的文化价值、增强体质健康的健身价值与提振龙舟产业的经济价值。

一、体现竞合思想的体育价值

中华龙舟运动所蕴含的竞合思想体现了中华传统体育项目自身的体育价值。龙舟运动不像西方的赛艇，它拥有自身文化、地方风俗、传统历史和民族信仰，集中体现出中华民族传统体育"竞合思想"的体育价值。什么是竞合思想？简而言之，竞合思想就是竞争与合作并存的一种价值观念。习惯于二元分裂的人就会产生怀疑的想法，又是竞争，又是合作，如何才能并存？其实，中华龙舟运动当中的竞合思想并不是秉持一种零和博弈的价值立场，而是强调双方的共赢，追求生存环境的和谐相处。

具体而言，中华龙舟运动的竞合思想之构成主要从人与人、人与物、物与物三个维度进行。首先，人与人的竞合是这种思想存在的基础，展现了从"小我"走向"大我"的体育价值。从中华龙舟运动的现实图景来看，同村人与异村人、同舟人与异舟人、个人与整体之间体现着竞争与合作并存的关系，并且在竞渡过程中保持着三个维度的高度协同。其次，人与物的竞合是这种思想的外在体现，人与龙舟、人与划桨、人与江水的关系都是竞合思想的具体反映，通过运动员、龙舟、划桨和江水的协同配合，达到"你中有我，我中有你"的体育境界，以竞合思想谋求更大的胜利。如果不是这样，中华龙舟在运动的过程中是不能够顺利抵达彼岸的。最后，物与物的竞合是这种思想的内在规律。龙舟、划桨与江水的竞合是客观存在的关系，并不以人的意志为转移。其中包括舟的结构与形状、划桨的频率与节奏、水的深度与速度，它们综合影响了中华龙舟的前行。这就启示我们青年大学生，自然界的各种客观存在是不以人的意志为转移的，因此，需要尽可能寻找客观事物之间的内在规律，按照规律办事，努力把握竞争与合作的并存关系，促进自我价值的实现。

中华龙舟运动蕴藏的竞合思想，其价值是多方面的。各个层级的在校学生通过亲身参与中华龙舟运动，接受竞合思想教育，在体育活动中增强团队协作意识，强化集体主义意识。不仅如此，竞合思想还有助于学生和谐的人际关系。学生在竞合思想潜移默化的价值教育下，得以促进自身与同龄青少年的交流，更好地实现从自我主义走向集体主义，塑造心有他人、无私奉献的高尚人格。落实到实践层面，青少年树立崇高的集体主义意识需要从小处着手，即通过中华龙舟运动培养学生团队协作的能力，让参与者贡献自身的力量，在合作中谋求共赢，化解潜在矛盾。如此一来，就能够使青少年学生在实践过程中感受团队的精神，体悟中华传统体育项目的文化与智慧，从小培育对中华龙舟运动的兴趣。

中华龙舟运动所蕴含的竞合思想不仅有助于青少年学生树立集体主义意识，还有助于弘扬人类命运共同体的价值理念。从全球化角度而言，推动中华龙舟运动"走出去"有助于在世界范围内弘扬同舟共济、携手共进的价值理念。正如习近平主席在会见国际奥委会主席巴赫时谈道："世界各国与其在190多条小船上，不如同在一条大船上，共同拥有更美好未来。"在此思想指引下，推动竞合精神教育能够让"人类命运共同体"的价值理念以更接地气的形式传播。因此，我们认为竞合思想主张抛弃零和博弈，宣扬多边关系，强调深度合作。把握好这种思想，并将其拓展到国内的事业单位，以团建素质拓展的形式组织相关活动，必将进一步让机关单位的工作人员消减隔阂、凝心聚力、和谐竞争，有助于提升单位内部的和谐。

二、传承中华文化的历史价值

中华龙舟运动作为中华传统文化的重要组成部分，具有较为厚重的历史价值，让我们知道了中华龙舟运动从哪里来，感受其源远流长、博大精深的文化魅力。中华龙舟运动的历史价值主要体现在宗教仪式、民族习俗与英雄人物纪念等方面。从宗教仪式而言，中华龙舟运动原本具有祈福祭祀、纪念祖先、表达信仰等地方性习俗的意义。反映出我国先民借助龙舟承载对未来生活的憧憬、期盼、祈祷等美好寓意。我们走近中华龙舟运动，也有助于我们认识先民的生活观念，体悟祖先开创基业的艰辛与不易，进一步增强历史自觉。从民族习俗而言，中华龙舟运动凝聚了不同民族的龙舟风俗，彰显了其多元一体的主要特征。也就是说，中华龙舟运动成为我们认识各个民族习俗的一扇窗口，透过这扇窗口，我们可以看见不同民族的风俗习惯、文化禁忌与民族信仰，感受到文明因差异而精彩，"世界上并没有两片完全相同的树叶"。而对于拥有这些民族文化的后世子孙而言，他们在远离故土，背井离乡讨生活的时候，会因为看见故土的龙舟而重新拾起往昔的文化乡愁。从英雄人物的纪念而言，中华龙舟运动有端午纪念爱国名人屈原的文化意义。实际上，每个地区所纪念的英雄人物都不一样，就连端午竞渡都有纪念屈原、伍子胥、曹娥、勾践等不同说法，再例如苗族人民的龙舟竞渡就是为了追忆祖先英勇且辉煌的历史。所以推动当代中华龙舟运动的开展，有助于弘扬中华传统文化，实现中华传统文化的"创造性转化"与"创新性发展"。

中华龙舟运动之所以具有传承中华文化的历史价值，是因为中华龙舟运动将不同民族的生活方式、价值观念与风俗习惯系于一身，从而具备了传承中华传统文化的坚实基础。如台湾地区著名龙舟史研究者黄丽云在其专著《龙、船、水与端午竞渡——龙神信仰的文化符号》中认为，龙舟竞渡的龙即象征最高政权掌握者，而龙化身的船又象征国家地域的核心，关联水神信仰的水则象征地方社会的民众。可以说台湾地区的"端午扒龙船"代言了龙、船、水的象征原理与社会实效[①]。它通过每年一度的定期举行，将自身积淀的历史文化传统逐一展现出来，让人们都能接触到生动形象的中华文化，并接受中华传统文化的感染与教育，从而汲取更深沉的精神力量来推动个人事业乃至国家事业的进步。另外，中华龙舟运动传承中华传统文化必须依赖国人世代相传这一基本途径。我们从历史考察的角度也可以看出，中华龙舟运动从古至今一直延续发展，离不开祖国一代一代人民的薪火相传。因此，中华龙舟运动随着时代发展，不断融入了新的时代内涵，吸纳了更加现代的文化元素，也形成了较为专门和系统的传承方式。所以，中华龙舟运动在传承过程中不仅让龙舟这一项中华民族传统为大众所熟知，也让龙舟运动背后博大精深的龙舟文化得到进一步弘扬与传承。

落实到具体的实践层面，中华龙舟运动对于传承中华传统文化的重要意义不言而喻，不仅让古代龙舟文化一步步传承至今，并且不断纳新与发展，更让当代龙舟运动在精神诉求与文化旨趣层面不断创新。如华南地区的龙舟运动就与宗族观念存在较大关联，在龙舟下水之前，要举办完整的仪式活动。这种仪式活动的开展，就是在大众面前宣传各具特色的龙舟文化，让富有历史价值的龙舟运动对人们进行一场鲜活生动的历史教育，让国家提倡的"历史自觉"与"历史主动"教育入脑入心。如此一来，活动更有助于凸显地方性知识，彰显中华传统文化的博大精深。另外，中华龙舟运动传承中华文化的历史价值并不限于龙舟这一主体范围，还包括端午民俗文化的宣传。从历史维度来看，端午民俗与中华龙舟运动的相遇，本身就是一场美丽的邂逅。后来伴随着中华龙舟运动逐步深入人心，又恰逢国家大力支持"中华

---

① 黄丽云. 龙、船、水与端午竞渡：龙神信仰的文化符号 [M]. 北京：社会科学文献出版社, 2018: 12.

优秀传统文化的复兴",端午节等中华传统节日的文化习俗进一步走入人们的日常生活,甚至海外也举办龙舟比赛,开展包粽子、过端午、追思屈原等活动。在此情境下,中华龙舟运动日益成为华人建构"文化-心理认同感"的一种具体践行方式。这就让人们在中华龙舟运动的体验过程中接受中华传统文化的熏陶,培育热爱中华传统文化的赤子之心。

三、彰显礼仪教化的文化价值

中华龙舟运动具有彰显礼仪教化的文化价值。经过前面两章的学习,我们已经不能简单地将中华龙舟运动视为一种普通的体育项目了,而应将龙舟运动视为一种文化,它包括宗教文化、农耕文化、宗族文化、爱国教育等诸多方面。

就宗教文化来说,中华龙舟运动有导人向善的一面。湘西、桂北有很多地区的龙舟竞渡充满宗教文化的味道,通常由专门执掌宗教仪式的"道士"或者"鬼师"宣告祝祷,其中蕴藏着礼仪教化的规范,进而导人向善。从田野调查来说,很多地区的龙舟运动受当地宗族精英的影响,被施以礼仪教化功能。其文化价值主要包括安守本分、宗亲团结与爱国教育等方面。中华龙舟运动作为一项为人民群众所喜闻乐见的中华传统体育项目,自然通过其固有的方式吸引人们参与其中,进而完成对人们的礼仪教化。就安守本分而言,传统龙舟竞渡作为农耕文明的产物,一定程度上教化人们不误农时,安守本分。譬如傣族会在春耕期间举办龙舟比赛,因为受西北季风影响,久旱少雨,所以傣族人民会通过赛龙舟活动虔诚向雨神求雨,借此期盼新的一年五谷丰登。就在求雨仪式中,傣族人民受到礼仪教化,培育团结协作、坚韧不拔与自强不息的民族精神。而中华龙舟运动除促进民众安守本分之外,还具有凝聚人心的重要作用。如温州宗族历来强调宗亲之间的团结,并借助中华龙舟运动来维系宗法社会的人际关系,强化整个家族的和谐稳定[①]。另外,如湖南麻阳地区的某些村寨,会在龙舟运动举办过程中形成守望互助的有机团结,有钱者出钱,有力者出力,共同促进整个村寨的团结,以此守望中华龙舟运动驶向未来。

这种礼仪教化一个较为重要的部分就是爱国教育。而中华龙舟运动带动爱国教育的实践,必然离不开屈原文化的宣传。据传说,屈原流放至湖南溆浦时,因感受到溆浦地区人们在龙舟竞渡时的勇敢顽强,为实现其抗击秦国的愿望,他组织人们

---

① 陈莉.吴越龙舟竞渡文化的一个视角:温州龙舟文化的历史演进[J].沈阳体育学院学报,2009,28(4):125-128.

进行龙舟训练,从而组建抗击秦国军队的水师。而屈原这样的文化精英给溆浦地区的龙舟运动带来不小的影响,直至今天溆浦地区的龙舟运动仍然保留了船上搏击、船上擒拿等水上军事习俗。这一故事就反映出屈原对祖国的诚挚热爱[①]。从社会人类学而言,人属于社会动物,拥有自己赖以生存的族群和文化。只有文化延续才能保障族群延续。屈原就是爱国爱家、忧国忧民的典型人物。除了因自身"美政"理想无法实现而忧愤时局外,还有对故国人民的同情。就像他的诗句"长太息以掩涕兮,哀民生之多艰"表达的一样,极其哀痛祖国人民的疾苦。所以屈原的一生都在为祖国人民而奔走呼号,因而留下大量脍炙人口的诗句。屈原的爱国情怀,也赢得后世百姓对他的尊重。故而百姓在屈原自投汨罗江之后,就以端午节划龙舟、包粽子的方式对他表示纪念。而这一习俗也被延续下来,深得我国人民的喜欢。因此,开展中华龙舟运动有助于弘扬安守本分、宗亲团结与爱国教育等文化价值,尤其是弘扬屈原文化和端午民俗文化,开展爱国主义教育,培养新时代的青年学生心系祖国、热爱传统文化的高尚情操,并鼓励学生以此为榜样,投身自己的学业和工作之中,为祖国的繁荣富强贡献力量。

四、增强体质健康的健身价值

中华龙舟运动具有增强体质健康的健身价值。根据前人的专题研究可知,进行专业的龙舟训练有助于心脏保持较为良好的能量节省化状态,使心肌耗氧量维持在最低水平,保持着良好的心力储备。还可以使心肌力量和血管弹性增强,从而使氧气和营养物质的运输能力增加,以保证大负荷训练和比赛。另外,长期系统的龙舟训练,可以提高呼吸肌的力量,从而提高肺活量[②]。刘德琼通过实验认为,龙舟运动对力量素质要求很高,不但需要运动员具备良好的全面发展的身体素质,而且还需具备较好的力量、耐力。龙舟专项训练能有效地提高肌肉力量,特别是上肢和腰腹肌力量[③]。所以从事中华龙舟运动需要强健的体魄和优秀的体能作为支撑,而推广这项运动可以逐步改善人们的体质,进而提高生活质量。

中华龙舟运动经过现代化改造以后,主要功能就是传承中华传统文化,增进人民群众的体质健康。这是因为中华传统文化历来强调"天人合一"和"以人为本"

---

① 刘婷,王喆.试论近代端午文化空间重构的爱国主义逻辑[J].青海民族研究,2022,33(2):7-12.
② 张浦强,刘辉.九江学院龙舟运动员体质特征研究[J].赤峰学院学报(自然科学版),2012,28(3):158-160.
③ 刘德琼.龙舟运动员某些生理特点的研究[J].广州体育学院学报,2001(2):45-47.

的哲学理念，而深受这种理念影响的中华龙舟运动自然承载着中华传统文化的优秀品质，强调人在运动过程中强身健体，凸显精气神。如防城港的龙舟运动，是一项旨在达到锻炼身心等多重目标的全民健身运动。由此可见，中华龙舟运动越来越关注人们的健康需求，并通过从事相关训练与练习，让人们走向自然水域，使人们在从事龙舟运动的同时，陶冶情操，增强抵御疾病的能力。

作为青年学生，我们需要积极探索中华龙舟运动的健身价值，并在人们日常生活中广为宣传，让中华龙舟运动得以深度推广。并且进一步带动青少年学生体验中华龙舟运动，借此提高学生群体的身体素质，提高中小学及高校学生群体的龙舟参与度，并带动其家庭成员参与其中，借助"以点带面"的模式推动中华龙舟运动的传播。除此之外，我们还应该培育一种传承中华龙舟文化、推动龙舟健身的使命感和责任感，对当地的龙舟运动场所进行实地考察，利用所学知识为当地政府加强龙舟运动场地建设建言献策，并进行广泛宣传，提高龙舟运动在日常健身当中的参与指数，逐步提升对龙舟运动的重视程度，并在政府的引导下，自觉参与到龙舟运动中来，从而达到民众广泛参与，促进大众健身的目的。

五、提振龙舟产业的经济价值

推动中华龙舟运动，有助于提振龙舟产业的经济价值。龙舟产业主要包括龙舟制造业、龙舟俱乐部、龙舟旅游业及龙舟文化产业等。李红梅认为，现代龙舟运动赛事的运作模式在不断创新与成熟，经历了由政府主导、市场化运作-政府扶持、社会主导的不断成熟与完善的历程[1]。中华龙舟运动相关赛事以及端午民俗活动的赋能，有助于提振龙舟产业的经济价值，例如湖南汨罗的龙舟文化旅游。实际上，开展中华龙舟运动与发展龙舟产业具有相互促进的作用：一方面，中华龙舟运动的深入发展为龙舟产业提供消费契机，开拓消费市场；另一方面，龙舟产业化的发展又为中华龙舟运动的持续推广奠定良好的物质基础。以湖南汨罗的龙舟制造业为例，迄今为止，汨罗已拥有数十家龙舟制造厂商，为全国各地的龙舟运动提供优质产品。另外，汨罗还成立了"汨罗市屈子龙舟发展有限公司"，主要生产玻璃钢龙舟、木质龙舟、旱地龙舟、冰上龙舟、动力旅游龙舟、传统龙舟、冲锋舟、裁判艇等，大力促进了龙舟产业的发展[2]。

---

[1] 李红梅."嘉庚杯""敬贤杯"海峡两岸龙舟赛研究[J].首都体育学院学报，2013，25（5）：446-449.
[2] 李美军.汨罗市屈子祠镇："党建+产业"推动镇域经济高质量发展[N].岳阳日报，2019-03-29（001）.

由此来看，中华龙舟运动的开展不仅促进了龙舟产业的发展，而且解决了相当一部分人的就业问题。而龙舟产业除了"龙舟制造"等有形产业之外，还有相当一部分属于"龙舟文化产业"。从中华龙舟运动的起源到传说、龙舟的制作、参与的人数、祭奠仪式、禁忌和以龙舟为主题的相关文化活动都各有特色。正是各地丰富多彩的龙舟文化才能够建立各具特色的龙舟体育文化品牌，充分体现出中华文化和而不同的特点[1]。以湘北地区的龙舟产业为例，中华龙舟旅游正逐步发展成为一项综合性服务产业，在其开展的过程中，会主动向人们提供劳动服务，也就是说，在以中华龙舟为主题的旅游过程中，旅游主办方应该满足广大游客饮食、住宿、交通、旅游、购物、娱乐等基本要求。中华龙舟文化不管是以哪种形式传播、开展、举办，都需要充足的从业人员，一是开展龙舟体育运动，二是举行龙舟文化艺术展，三是推动中国龙舟协会等组织的发展壮大。利用每年举办的国际龙舟节等体育旅游活动，吸收多方面的人员就业，进而开辟一条就业路径。由此可见，中华龙舟运动在创造就业机会方面起着特殊的作用，这无疑为许多龙舟文化区的待业人员开辟了广阔的前景[2]。

第二节　竞技龙舟运动的当代表现

进入新世纪以来，中华竞技龙舟运动得益于政府的大力支持，在竞技水平、竞技规模、竞技精神与竞技影响等方面均有突出的表现。从竞技水平来看，主要包括竞技人才、竞赛规赛事级别与运动成绩；从竞技规模来看，主要包括中华龙舟大赛、世界龙舟锦标赛与海峡两岸龙舟赛；从竞技精神来看，有竞技精神、团队精神与娱乐精神；从竞技影响来看，主要包括夯实人类命运共同体的基础，促进新型产业的发展，促进中华文化的传播，和与世界人民一道共建和谐稳定的竞渡秩序。

一、竞技水平

现如今，中华龙舟运动已经从民间游艺逐渐走向世界竞技舞台，竞技水平不断

---

[1] 陈丽珠，薛可，郑秀琳.民族传统体育文化产业的创建：以龙舟活动为例[J].沈阳体育学院学报，2011，30(2)：130-133.
[2] 张可，刘琳，旷景沂.龙舟文化对促进湘北地区体育旅游文化产业发展研究[J].商业经济，2022(6)：41-43.

攀升。该领域中，教练员队伍的建设和管理、技术理论、竞赛规则、训练模式、运动成绩也获得了较为显著的提升。中华竞技龙舟运动的竞技水平主要可以从竞技人才、竞赛规则、赛事级别、运动成绩等方面评判。

其一，竞技人才。随着中华龙舟运动的广泛开展，各地区高素质龙舟教练员需要及时得到培养与扩充，以便更好地指导运动员开展龙舟运动并取得优异的竞赛成绩。随着龙舟赛事的规模不断扩大，以及朝着标准化与专业化的方向迈进，我国大部分地区已开展龙舟教练的人才培育工作，并定期举行龙舟教练员及裁判员的培训。而这些学员多来自各地龙舟协会、有关单位以及各大院校，学习内容主要涵盖理论教学、实践操作、龙舟队伍管理经验、龙舟训练的技能技巧、中华龙舟竞赛规则及中华龙舟竞赛裁判员法等几个方面。全面培训有助于普通教练员迅速成长，为推广龙舟运动奠定坚实的人才基础。另外，部分地区对高水平龙舟运动员的职业化管理问题也得到有效解决，职业龙舟运动员的收入得到有力保障。如广东顺德早在2013年就已规定职业龙舟运动员的月收入不少于1万元，甚至部分顶尖运动员一天就可以获得5万元的可观收入。传统的龙舟运动也开始进入大步发展的快车道。

其二，竞赛规则。（1）航道。一般根据河道条件，设直道竞速赛200米、400米、500米、600米、800米、1000米（可按当地条件变更距离）；设环绕赛5000米、10 000米、20 000米；拉力赛10千米以上。直道比赛应设在静水水域，航道呈直线状，起航线与终点线必须平行并与航道线垂直；根据参赛队数及场地条件，设2、4、6、8条航道，每条航道宽度可按9米、11米、13.5米布置；航道最浅处水深不得少于2.5米，航道内不得有水草、暗礁和木桩，航道外5米内应无障碍物。而环绕赛和拉力赛则不仅对运动员的体能和毅力是一个巨大的考验，而且对团队战术、鼓手节奏的把握和舵手方向的控制都有着更为严格的要求。（2）竞赛组别。主要分为男子组、女子组、混合组、少年组、青年组、老将组、公开组等组别。（3）竞赛器材。不同地区的龙舟样式可以不同，但舵桨、划桨规格需要按各地传统要求制作。（4）竞赛装置。主要包括龙头、龙尾、水标、划桨、锣、锣架、鼓、鼓架等。

其三，赛事级别。龙舟竞渡赛事的类别主要包括正式比赛类和邀请赛类。其中，正式比赛类主要包含世界龙舟锦标赛、洲际龙舟锦标赛、世界俱乐部龙舟锦标赛、全国龙舟锦标赛、全国综合性运动会龙舟赛及地方龙舟赛等；邀请赛类主要包括地方龙舟邀请赛、全国龙舟邀请赛、国际龙舟邀请赛。如2019年国际皮划艇联合会（ICF）在乌克兰基辅（Kyiv）的OBOLON水上运动中心举办的世界龙舟俱乐部锦标赛，共有15个国家，30余支龙舟俱乐部，约1600名运动员参加了本次国际龙舟锦标赛。

本次锦标赛主要分为 200 米、500 米和 1000 米的直道竞速赛以及 2000 米绕标赛。比赛期间不同国籍、不同肤色、不同性别、不同年龄、不同文化背景的运动员带着对龙舟竞渡这项水上体育项目的激情与热爱，将体育竞技精神和地域文化分享、传递给不同国家，升华了彼此之间的运动友谊。

其四，运动成绩。运动成绩是体现龙舟竞渡竞技水平的重要因素之一。下面主要介绍中国队在国际龙舟竞渡赛事中取得的优异成绩：（1）在 2019 年 ICF 世界龙舟俱乐部锦标赛中斩获 3 项冠军。（2）在第十四届世界龙舟锦标赛中获得 200 米（刷新世界纪录 39 秒 251）、500 米冠军和 2000 米亚军。（3）在第一届世界冰上龙舟锦标赛中安徽龙奥水上俱乐部斩获冠军。（4）在 2019 年国际滑联世界龙舟俱乐部锦标赛中勇夺青年组 200 米混合赛、青年组 2000 米混合赛、青年组 500 米混合赛 3 块金牌。（5）在第三届龙舟世界杯（国际龙舟联合会世界杯）中获得 4 金 1 银的优异成绩。

二、竞技规模

龙舟竞渡又称赛龙舟、划龙船、扒龙船、龙船赛会等，是中国传统民俗之一。随着官方组织对民间传统文化越来越重视，中华龙舟运动被广泛发掘，并成为弘扬中华传统文化的重要载体，其赛事规模也在逐步扩大。早在 20 世纪 80 年代，中华龙舟运动就被列为我国的国家体育比赛项目。在 2010 年，龙舟竞渡成为广州亚运会的正式比赛项目，这一项目也逐渐进入了国际视野。下面主要介绍中华龙舟大赛、世界龙舟锦标赛、海峡两岸龙舟赛的竞技规模。

中华龙舟大赛。该赛事于 2011 年在北京举行合作签约仪式。主要由国家体育总局社会体育指导中心、中国龙舟协会、中央电视台体育频道共同主办，中视体育娱乐有限公司和各赛事举办地政府承办。该赛事由最初 10 余支顶级龙舟队伍到如今成百上千支队伍参赛，赛事规模不断扩大，上演着"百舸争流"的壮观场景。不同队伍的自身技术、管理水平、竞技水平也获得大幅度提升。比赛项目依照国际规则设置 200 米、300 米、500 米直道竞速赛和 3000 米环绕赛等多个项目，分组形式为职业男女组、精英组、青少年组等，并采用不同地域的分站赛程，如 2019 年中华龙舟大赛分为海南万宁站、长沙芙蓉站、江苏盐城站、福建福州站、成都简阳站、南京六合站、重庆合川站、海南陵水总决赛。比赛期间吸纳了拔河、点睛、游龙等传统的龙舟文化元素。

世界龙舟锦标赛。该赛事每逢奇数年举办，主要由国际龙舟联合会（IDBF）组织主办，是国际最高级别的以国家代表队参赛的龙舟比赛，也是全世界范围内规模最大、参与人数最多、影响力最深远的龙舟赛事。该赛事每两年举办一次，第一届世界龙舟锦标赛于1995年在中国岳阳举行，第二届世界龙舟锦标赛于1997年在香港举行，第三届世界龙舟锦标赛于1999年在英国诺丁汉举行，第四届世界龙舟锦标赛于2001年在美国费城举行，第五届世界龙舟锦标赛于2003年在中国上海举行，第六届世界龙舟锦标赛于2005年在德国柏林举行，第七届世界龙舟锦标赛于2007年在澳大利亚举行，第八届世界龙舟锦标赛于2009年在捷克举行。该赛事共有30多个国家和地区以及3000余名选手参赛，主要分为标准龙舟组与小龙舟组。其中标准龙舟组设为成年组，而小龙舟设为老年组，并下设公开组、女子组、混合组。赛事距离为200米、500米、1000米、2000米等。中国队多次在该赛事的200米、500米等项目中获得优异成绩，并多次打破世界纪录。

海峡两岸龙舟赛。该赛事主要由国家体育总局社会体育指导中心、中国龙舟协会、政协厦门市委员会、两岸省市体育局部门、福建省金门同胞联谊会协办。龙舟竞渡作为端午传统民俗活动，在海峡两岸深受百姓喜爱。通过开展两岸民众共同参与的竞赛和文化活动，深化了两岸基层民众的交流互动，实现在交往中共同传承中华优秀文化。该赛事分为青少年男子组和女子组、社会男子组和女子组。2006年，已在福建厦门集美成功举办首届海峡两岸龙舟赛，2008年升格为国家级赛事，经多年举办，该比赛已成为推动两岸交流、传承发扬中华优秀传统文化的重要平台。2022年海峡两岸龙舟赛在福建厦门龙舟池圆满落幕，比赛期间云旗猎猎，雷鼓嘈嘈，共有2支队伍分别摘得龙舟竞渡男子组、女子组的总冠军，彰显了两岸同胞爱拼敢赢的精神面貌，促进了端午竞渡共话文化传承，并见证了两岸同胞坚守传承、同舟共济的自信力量。

三、竞技精神

中华龙舟文化源远流长，博大精深，其中以屈子文化为基石，以龙舟运动为主题。而龙舟运动的时代精神主要包括了奋勇争先、力争上游的竞技精神，团结协作、凝心聚力的团队精神，与民同乐、和谐相处的娱乐精神。这种精神品质与强烈的爱国主义情怀早已融入中华民族的血脉之中，并成为伟大民族精神的重要组成部分。

其一，奋勇争先、力争上游的竞技精神。在描绘汉江龙舟运动火热场面的安康民歌中这样唱道："一棹压破千层浪，万桨齐发搏激流，号子吼得天地动，龙腾虎跃争上游……"这充分体现了鼓手、划手和舵手形成一种你追我赶、永不服输、力争上游的"竞技精神"。开展龙舟竞渡不仅提高了人们参与运动的积极性，还有利于增强集体荣誉感，激励参与人员将奋勇争先、力争上游的竞技精神融于工作之中。

其二，团结协作、凝心聚力的团队精神。龙舟运动既需要队员分工协作、团结一致，也需要队员服从指挥、顾全大局，用合力去取胜，形成一种同心协力、亲密相处的合作氛围。如湖南沅江在开展龙舟运动时，其成员来自五湖四海，有甘肃的、新疆的、黑龙江的、广东的、台湾的，部分龙舟上还有国外留学生，来自不同地域的人们除了一起训练，还时常一起交流学习与休闲娱乐，有效地促进了不同地区的文化交流传播。百舸争流，奋楫者先。比赛结果对人们来说也许并不重要，重要的是在龙舟运动的过程中感受龙舟上的队员不畏险阻，同心协力勇敢面对困难，用实际行动和顽强毅力战胜困难的精神，并从中升华团结协作对个体、对团队的意义，以及个体在团队中的重要意义。一些来自基层社会的矛盾、公共事务等也在开展中华龙舟运动时得以解决。

其三，与民同乐、和谐相处的娱乐精神。每逢端午佳节，不同地区在开展龙舟运动时会有成千上万的人去观看，"锣鼓一响，万人呼啸"是龙舟运动场景的真实写照，也充分体现出这一民间传统水上运动与民同乐、和谐相处的娱乐精神。中华龙舟运动集竞技、健身、娱乐、祭祀等于一身，经过不断传承发展，如今已从古代单一的竞渡活动演变成具有多样性的体育赛事，既没有尊卑之分，也没有贫富之别。另外，部分地区的龙舟非遗传承人将龙舟歌传入校园，将龙舟赛事举办成趣味运动会，从而衍生出溜溜布龙舟赛、旱地龙舟赛、冰雪龙舟赛等精彩的表演，使中华龙舟运动这一传统文化习俗在人们内心深处落地生根，并最终促进中华龙舟文化"看得见""玩得起""传得远"。

四、竞技影响

中华龙舟运动有助于夯实人类命运共同体的基础。在政治多极化、经济全球化、文化多样化和社会信息化的时代背景下，一方面，文明交流超越了文明隔阂，各国之间的联系逐渐加深；另一方面，各国也面临不同文明的冲突、民族纠葛等诸多挑战。在构建人类命运共同体的时代背景下，积极推动中华龙舟运动"走出去"，实现跨文化交流，具有十分重要的现实意义。如我国民间公益组织将"龙舟全球竞演"带入西方欧美国家，主动承担起中外文化沟通的桥梁作用。将特色的中华传统体育文化以寓教于乐的形式呈现给西方国家，也将同舟共济的和合精神及中国人对和平文化的向往传递给西方民众，让西方文化中"恶龙"形象逐渐消解，使西方民众以更为开放的心态面对龙舟运动文化的差异，消除对东方文化的偏见与误解，促进民心相通，进而推动东西方文明互鉴，从而夯实构建人类命运共同体的实践基础。

中华龙舟运动有助于促进新型产业的发展。其一，龙舟运动有利于带动龙舟制造产业的发展。近年来，龙舟赛事不断标准化和规范化，我国龙舟相关企业的注册量保持持续递增态势，龙舟俱乐部如雨后春笋般涌现，促进了龙舟相关企业和龙舟制造产业的繁荣发展。如湖南汨罗依托"国际龙舟节"推进龙舟制造产业园区的建设发展，实现年总产值超1.5亿元。再如广东顺德杏坛镇自恢复龙舟制造行业以来，珠江三角洲地区的龙舟生产供应链主要源于该镇，该镇产品通过线上交易渠道，销往全国各地。其二，龙舟运动有利于促进体文旅融合发展。异彩纷呈的龙舟运动成为我国部分地区端午假日旅游的特色和亮点。各地通过深入挖掘端午习俗，推出端午民俗游、非遗文化游等系列主题活动，吸引了大量游客，有效促进了体育文化旅游融合发展。

中华龙舟运动有助于促进中华文化的传播。中华龙舟大赛是国家体育总局社会体育指导中心、中国龙舟协会和中央电视台体育频道共同主办的国内最高级别的龙舟赛事，也是目前全国竞技水平最高、奖金总额最高、规模最大、受关注度最高、群众参与面最广的顶级龙舟赛事。中华龙舟赛事与广大龙舟人共同成长，实现了一次又一次的突破和创新，促进了中华文化的广泛传播。如四川简阳首次举办中华龙舟大赛的直播，点击量就超过63万次，充分展示了民族文化与龙舟运动的魅力，使龙舟竞渡文化深入人心，龙舟精神闪耀于民族之林。而世界龙舟锦标赛从1995年第一届的37支队伍976名运动员发展到2005年德国柏林第六届世界龙舟锦标赛上的60余支队伍近1700名运动员参赛，龙舟队伍在不断扩大，龙舟伴随着中国独有的文化与中国人独有的精神走向世界，与世界人民一道，创造着灿烂的龙舟文化。

中华龙舟运动有助于向世界人民传播中华竞渡文化，共建和谐稳定的竞渡秩序。从制度层面看，中华龙舟文化通过"规诫约束"保障竞渡的定期举行，形成民俗维系，具有制度化特征。中华龙舟竞渡的"规诫约束"理念代表着儒家"修齐治平"的思想，宣扬人类对道德伦理的敬畏之心，传播中华传统文化的和谐理念。首先，中华竞渡文化"走出去"有助于弥补西方契约精神造成的信任裂隙。依托血缘及亲缘关系叠合的竞渡信仰具有约束性，维系着乡土社会的人际关系，缓解了信任危机。如湖南麻阳的村寨依托"乡规民约"切实保障龙舟竞渡的定期举行，形成守望相助的地域网络。这种"和舟共济"的团结场景与定期举行的信任关系对"埃及龙舟文化体验基地"产生了深刻影响，自2016年以来，埃及连续举办国内及国际龙舟比赛，促进人们对包括龙舟文化在内的中国传统文化的了解。其次，中华竞渡文化"走出去"有助于树立对伦理道德的敬畏之心。哲学家康德强调:"我敬畏两件事情:一件是我们心中崇高的道德标准;另一件是我们头顶上灿烂的星空。"中华竞渡文化本身存有道德敬畏的内涵,如广东揭阳的龙凤舟仪式,以人类学视角看,其祭祀行为无不透露出儒家的道德教化,具有规诫性。这种道德仪式为国际龙舟运动树立了道德敬畏的标杆。如澳大利亚龙舟协会前主席克丽斯廷·普里斯特认为,"中国是龙舟的家,我们尊重运动背后的历史和传统。在澳大利亚全国锦标赛前,也会举行点睛祈福和舞龙舞狮等仪式"。最后,中华竞渡文化"走出去"有助于传播中华传统文化的和谐理念。中华竞渡文化素有祈祷丰收、寄托思念、赞颂爱国的美好寓意,推动中华竞渡文化"走出去"有助于推动人类携起手来,风雨同舟。以中国"公羊会"在美国举办龙舟赛为例,公羊会在美国举办龙舟赛时,一般将龙译为"loong",是为了与西方文化中的"dragon"相区分。中国龙代表着中国人内心对和平的向往。这种向往让国际友人认同中华文化"协和万邦"的理念,全面看待中国的发展,为中华龙舟入奥赢得国际民心。

第四章

中华龙舟运动基本技术教学

龙舟运动技术是完成龙舟运动动作的基本方法，从生理学的角度分析，是完成龙舟运动动作神经与肌肉练习的基本过程，也是初学者首先要掌握的基本内容。龙舟运动竞赛的形式很多，各种民俗龙舟竞赛的技术要求不同，涵盖各种仪式化动作、表演性动作、竞赛性动作等，丰富多彩，精彩纷呈。当代龙舟运动竞赛要求实现运动技术、技能与体能的最大化发挥，创造最高竞技运动水平，由此形成特定的基本运动技术规范。本章根据龙舟运动竞赛的基本要求和运动员的分工，从划手、鼓手、舵手基本动作技术，以及起航技术与配合技术入手，分别从其技术动作要领、易犯错误和教学过程等几个方面进行阐述。

第一节　划手技术与教学

划手又称桨手。而通过个人的合理技术运用与全体划手的协调配合形成的合力，成为推动龙舟向前划行的动力来源，是提高运动成绩的基础。划手技术主要包括握桨、坐姿、插桨、拉桨、泄水、回桨等技术环节。

一、握桨

（一）动作要领（以右手为例）

右手握桨杆称为拉桨手，或称为下方手；左手握桨柄称为上方手。

通常下方手握于桨叶向上 10~15 厘米处，大拇指与食指紧握桨杆，中指、无名指、小拇指依次握住桨杆略放松，便于桨叶入水前伸。其中，下方手的位置要结合运动员的身体形态、素质情况以及整船划手入水深度、入水角度、回桨路线的一致性进行适当调整。若运动员手臂较短，握桨位置可以略上移；若运动员手臂较长，握桨位置可以略下移。上方手大拇指与虎口处顶住桨柄以便快速回桨。双手握桨时不要过度紧张而握太紧，以举起放下不掉桨为宜，整个划桨过程中一张一弛，适当放松手臂缓解疲劳。握桨如图 4-1：

图 4-1　握桨

（二）技术要点

（1）下方手主要靠拇指、食指、中指握桨杆，无名指、小拇指弯曲缠在桨杆上，腕关节适当放松。

（2）手的大拇指顶住桨柄。

（3）上方手掌心对准桨柄正上方。

（三）易犯错误

（1）握桨太紧，松弛无度，过于紧张，不但容易疲劳，而且手容易磨破。

（2）握桨腕关节太紧，导致回桨动作僵硬、变形。

（3）上方手手腕弯曲下垂，难以形成稳固支点。

（4）握桨死板，小臂发僵，回桨动作不够充分。

（四）教学过程

1. 握桨教学

根据左右手的力量与控制能力强弱确定左右桨，右手力量强或左手控制能力强者适合划右桨，因为右桨上的右手是划水的动力手，左手在上方主要起到支撑和控制桨叶入水角度的作用；同理，左手力量强或右手控制能力强者适合划左桨。

讲解握桨手的名称并示范握桨方法，讲述上方手与下方手的握桨方法。上方手正握桨柄，大拇指顶住桨柄，或在桨柄下方握住桨柄，下方手握于桨杆距桨颈10~15厘米处。

以下方手握桨杆处为轴，转动桨柄，练习调整桨叶角度，注意双手不要握得太紧。

2. 教学要点

主要教授握桨的整齐性，所有划手必须保证一致，不但握桨技术一致，而且要保证后期插桨深度一致，需要在教授握桨技术时根据队员的身高、臂长确定下方手的位置。

二、坐姿

（一）动作要领

坐姿是外侧腿紧蹬前隔仓板中下部，依靠膝关节的屈蹬发挥大肌肉群的力量，完成力量传递。坐姿要求髋关节紧贴船舷，外侧腿紧靠龙舟边，外侧脚底紧抵隔舱板中下部，充分发挥腿部大肌肉群的力量。另一条腿膝关节弯曲，抵住外侧腿的大腿，避免外侧腿晃动影响龙舟的平衡性。坐姿如图4-2：

图4-2 坐姿（一）

若队员身材矮小，脚抵不住隔舱板，可以坐在座板的前沿上固定臀部位置，利用上体前倾向前"抓水"拉长桨。另外臀大肌的缓冲作用，可以避免因反复摩擦，导致臀部受伤。

不同划法对坐姿的要求也不同，采用侧身转体划法划高频桨时，内侧腿放前、放后、放内侧均可，位置无要求；采用下腰划法时，外侧腿蹬紧前隔舱板，若内侧腿紧抵前隔舱板，划高频桨时，往往会导致上体起伏过大，不利于发力。也有部分队伍为增加划水过程中后程划水力度，采用内侧腿蹬紧前隔舱板，外侧腿屈膝紧贴龙舟外侧，这种坐姿有利于划水过程中发挥"推水"和"挑水"的力度。

在停止划行时，要养成挡水的习惯，即把桨叶平放在水中，双手横握划桨"平桨"，避免船体因受风浪左右而失去平衡；为了固定龙舟还可以采用"插桨"的方法，即把桨叶插入水中，避免龙舟前后移动。如图4-3：

图4-3 坐姿（二）

（二）坐姿技术要点

（1）外侧髋关节紧贴龙舟边。

（2）下肢不能左右晃动。

（三）易犯错误

（1）外侧髋关节没有紧贴龙舟边。

（2）内侧腿左右摇晃。

（3）没有坐在座板的前沿，导致发力时臀部向后滑动。

（4）没有蹬紧前隔舱板，腿的蹬伸、发力不充分。

（四）教学过程

1. 坐姿教学

掌握正确的坐姿。划手自然地坐在板凳上，进行直体和上体前倾5°~10°的定位练习，以及双脚前放置或前后放置的练习。

讲解坐的动作方法和要领。首先，尤其是身体髋部要紧靠船舷，外侧脚蹬紧前隔舱板，内侧脚收回到自己的座板下，保持身体的稳定，这是给船提供动力的先决条件。其次，两手握桨横于体前，桨叶平行于水面。

2. 教学要点

体会不同放脚位置的发力感受，找到最适合协调用力的坐姿位置。

三、插桨

(一) 动作要领

插桨动作是指双手松弛握桨,桨向前方伸出,下方手臂尽量向前伸直,下方手臂一侧身体向前转体,形成侧身、送肩的技术动作,同时下方手大臂、小臂尽量伸直。身体重心通过上方手用力支撑,使桨稳稳抓住水,不仅可以避免漂桨,而且能确保满桨划水。满桨时,上方手屈肘握桨于头正前靠龙舟外侧上方,外侧腿弯曲,此时形成下肢肌肉群收缩,上体、上肢肌肉群预拉长。从侧面看,桨杆紧靠船舷与水平面成45°~60°角入水。从前往后看,桨叶与船舷成90°角。这样桨叶形成最大的对水面积,达到最大划水量。身体形成这种姿势时,有助于前抓水,保证前段拉桨的桨距。如图4-4:

图 4-4 插桨

桨入水有三种技术:第一种技术以转体为主、前倾为辅,这种技术适合划短距离或者是在划高桨频时采用;第二种技术是以前倾为主、转体为辅,这种技术适合划长距离或是在拉大划距时采用;第三种技术是二者的结合,这种技术适合划中距离或者是在划中桨频时采用。三种技术的动作不是孤立的,有必然的内在联系,它们的发力方式是相同的,都是由下肢蹬、转体、拉桨构成。此外,在一次比赛中,根据队员实际情况,可以穿插使用三种技术动作。

比赛节奏和实际的技术战术,对插桨也有不同要求。若拉长桨,一般插桨位置超过前隔舱板;若是高频桨,插桨位置一般插在前隔舱板的后边。为了保证划水效果,插桨前应保持桨杆靠近船体,比赛时参照物可以选择向前方队员腋下方向插桨。

(二) 插桨技术要点

(1) 找准入水点,入水及时、轻快、准确。

(2) 上方手用力下按,形成稳固支点。

（3）在转体送肩动作的带动下让下方手顺势伸直。

（4）桨叶尽可能前伸，在身体自然前倾处抓满水。

（三）易犯错误

（1）上方手手太直太僵，前伸距离不够，不但影响拉桨距离，而且影响桨叶下水的最佳角度，导致抓水效果差。

（2）上方手手臂伸直，导致上支点远离身体重心，缩短划水距离，拉桨发力不充分。

（3）漂桨，桨拍水，溅起的水花大，带入的气泡多，结果产生向上的分力。

（4）没有借助身体重心前移的力量下按，抓不住水。

（5）插桨深度不足，桨叶抓水不够饱满。

（四）教学过程

1. 插桨教学

队员按照左右桨顺序站好，左桨选手左脚在前，右脚在后，两脚相差一步，右桨选手反之。双手放松握桨，听到插桨口令后，各位队员迅速做出插桨动作。

2. 教学要点

（1）身体重心前移，前腿弯曲，身体重心压在前腿上。

（2）送肩，侧身。

（3）下方手推直，上方手手臂弯曲位于头的侧前方形成稳固的支点。

（4）强调插桨角度，所有人的插桨角度必须保持一致。

（5）强调每位队员插桨前后动作的同步性、一致性。

（6）反复练习插桨动作，直至队员动作整齐、流畅、自然。

3. 教学步骤

（1）教师讲解后，队员进行单人练习。

（2）每对桨手进行练习。

（3）每2对或3对桨手进行练习。

（4）每5对桨手进行练习。

（5）全队桨手进行练习。

要求：注意力集中，听到鼓手口令后，马上把桨叶插入水中。全体桨手应做到两条线，"上手一线，下手一线"，即划桨手上方手和下方手的位置无论是从上面看还是从侧面看，都在两条直线上。

四、拉桨

（一）动作要领

拉桨动作的发力是从下肢的蹬伸开始的，上方手形成稳固的支点，并适当用力支撑桨体，确保满桨抓水。下肢蹬伸后带动身体转动、收肩，下方手的中指、无名指、小指开始紧握桨杆，通过蹬腿把动力送上去，手臂自然伸直拉桨。拉桨时桨杆一定要保持靠近船舷，拉桨的方向确保与龙舟的前进方向一致。拉桨发力时桨叶与水面的角度成50°左右，自然弯曲的上方手随着躯干抬起往后平行移动，而不是用力向前下方推。下方手拉至髋关节即可。在拉桨过程中应始终保持对水面积的最大和越拉越快。桨叶在水下运动的轨迹是非移动的，原地呈小弧形。整个拉桨动作是垂直、平行的，即桨杆垂直于水面，桨过去的线和水面是平行的。如图4-5：

图 4-5 拉桨

（二）技术要点

（1）插桨与拉桨应衔接紧凑、连贯有力、一气呵成，不能有停顿动作。

（2）上方手要垂直下按，压住桨柄，不能向前下方推，要保持划桨高度和深度。

（3）通过骶髋、腰、腿的有序快速发力和躯干的旋转、抬体带动手臂快速拉桨。

（4）桨杆与水平面平行移动，不能划漂桨，否则会产生阻力。

（三）易犯错误

（1）屈臂拉桨，没有充分利用身体的力量拉桨，容易疲劳，不可持续。

（2）上方手没有压住桨柄，拉桨时由深到浅。

（3）拉桨过程中上方手用力向前下方推，使桨叶对水的面积减小。桨杆不是与水平面垂直拉桨。

（4）由外向内拉桨或由内向外拉桨，拉桨不是沿船边走直线。

（四）教学过程

1. 拉桨教学

体会桨入水和拉水的衔接。在拉水的瞬间，强调上方手的控制，即上方手下压的同时衔接。要向前顶住，保证支点（上方手）的稳定，为拉水提供动力。在桨入水的瞬间，外侧腿的蹬和身体的转肩转腰带动下方手的拉桨，桨入水后保持插桨要深，拉水要快、实，动作完整，保证划距，熟练掌握发力顺序。

2. 教学要点

拉桨技术强调力量传递。拉桨的力量来源主要是依靠腿部蹬伸、身体转动，在教学过程中一定要强调蹬伸、转体，不能只注重手臂的拉桨。拉桨的发力顺序主要依靠大肌肉群带动小肌肉群，不能养成仅仅依靠小肌肉发力的技术习惯，不能仅依靠手臂拉桨。

3. 教学步骤

（1）队员按照桨位排好，徒手做插桨动作，体会前腿蹬—转髋—转体。

（2）上方手抵住桨柄，体会前腿蹬—转髋—转体。

（3）做好插桨动作后，体会前腿蹬—转髋—转体，下方手保持直臂随着身体转动而转动。

（4）划桨技术强调力量传递，最后技术上动作是下方手屈腕，鞭打推水。拉桨的力量来源主要是依靠腿部的蹬伸、躯干转动。

五、泄水

（一）动作要领

泄水是现代龙舟划法为减小龙舟前进阻力的新技术，桨拉至髋关节后拉桨结束，不同于传统划法的直接提桨出水，而是下方手屈腕，顺势推拨一下水，该动作也起到了承上启下的作用，既减小了阻力，又增强了动力。

（二）技术要点

（1）拉桨与泄水动作连贯、迅速、果断、协调，不然会增加龙舟前进的阻力。

（2）划桨动作要求协调用力，屈腕—转体—屈臂—双手同时上提，上方手向内。

（3）拉桨完毕瞬间，腿、腰、背、肩及臀部都要处于放松状态。

（4）桨出水时，由于身体转动，躯干稍前倾，全身肌肉处于放松期。拉桨时肌肉紧张，桨泄水时全身肌肉处于间歇期。

（三）易犯错误

（1）最常见、最突出的错误是桨泄水时不是向后方推水，而是向后上方挑水，扬起水花，影响后面的队员正常发挥，或是往后拖。这都将产生较大分力，增加龙舟前进的阻力。

（2）泄水动作慢。

（3）身体各部分肌肉一直处于紧张状态，没有舒张放松。

（4）桨提得过高或者桨没有完全提出水面。

（5）泄水时仅仅依靠手臂的力量，桨与躯干的转动、屈臂、上提动作配合不协调。

（四）教学过程

1. 泄水教学

动作是靠近龙舟船舷的一侧身体向龙舟前进方向转动，双手向上提桨泄水，下方手屈臂上提，上方手向上、向内画小弧形提桨泄水。

2. 教学要点

泄水技术强调拉桨与泄水的动作连贯、迅速、果断、协调。桨泄水时全身肌肉处于间歇期，桨出水时，全身肌肉处于放松期，拉桨时肌肉紧张，要做好两者之间的松弛转换。

3. 教学步骤

（1）队员按照桨位排好，徒手做拉桨与泄水之间衔接配合的动作。

（2）练习向后方推水。

六、回桨

（一）动作要领

泄水之后，双手松弛握桨，腿、腰、背、肩都要放松，桨下缘贴近水面，桨叶外侧边朝向侧前方，向前呈小弧形达到插桨位置。双手在空中运行和桨叶在水面运行，都应以最短路线到达插桨位置。在回桨过程中，蹬直的腿随着身体的转动或前倾又恢复到弯曲状态。桨叶下缘贴着水面回桨，躯干与肩随回桨动作，向龙舟内转动，向前倾。桨叶面应根据风向确定朝前还是侧朝外，逆风则朝外，顺风则朝前。这样逆风可以减少阻力，顺风可以借助风力。桨叶面的朝向变化是上下手位配合的结果，主要靠腕关节的转动。但是不同的桨频对桨叶朝向提出了不同的要求，如高频桨，桨叶一般朝前。

（二）技术要点

（1）回桨动作也是全身协调用力的结果，即转体—送肩—伸臂—伸腕动作连贯进行。如图 4-6。

（2）回桨路线要最短，即回桨不能提得太高，弧度也不能太大。

（3）回桨是放松、调整的技术过程，回桨反映一名划手的放松能力，放松能力强，有助于发挥最大的耐力水平。

图 4-6　回桨

（4）回桨技术动作要求划手具备一定的柔韧性、协调性，所以日常训练中对这两大身体素质的锻炼不可缺少。

（5）回桨技术要根据风向变化，做出适当调整。

（6）回桨技术要与桨频相匹配。

（三）易犯错误

（1）双手紧张握桨，肌肉得不到放松。

（2）回桨弧度过大，不是以最短线路回桨。

（3）躯干没有得到放松。

（4）摆动不以桨叶边朝向侧前方，空气阻力增加。

（5）回桨桨叶下缘碰到水面，说明上提高度不够。

（四）教学过程

1. 回桨教学

回桨是连续两个划桨周期的纽带，回桨技术的优劣直接影响下一周期的划水效果。回桨技术教学重点是靠身体带动把桨向前推出去，桨在手中像鞭子一样被甩出去。

2. 教学要点

全身协调配合快速回桨，强调回桨过程放松，同时根据风向确定桨叶朝向。

3. 教学步骤

（1）徒手转体练习，即按照提桨动作站好，然后快速转体。

（2）徒手转体伸臂练习，预备姿势同上，先快速转体，然后伸臂，体会大肌肉群带动小肌肉群。

（3）持桨做转体回桨练习，预备姿势同上，身体动作先于手臂动作。

第二节　鼓手技术与教学

鼓手是龙舟运动的"灵魂"，在比赛中，由鼓手调动和实施教练员的战术意图，指挥全队完成比赛。比赛中一切行动听从鼓手鼓点的引导，鼓手的临战经验和综合素质是一条龙舟取胜的关键。

一、敲鼓的方式

1. 持鼓槌的方式

左手或者右手握住鼓槌的后端，手心向一侧，利用甩鼓槌的惯性，加上腕关节的屈伸，使鼓槌以腕关节为轴心，由上向下击打在鼓的相应位置。

2. 点鼓

大臂带动小臂，力量传递至腕关节敲鼓心，桨入水；然后腕关节、小臂回收，大小臂折叠，大臂带动小臂向水平方向甩出去（通过大小臂前伸对应划桨幅度）；之后进行下一敲鼓周期。

3. 过顶打鼓

为了敲出声音大、有气势的响鼓，持鼓槌的手向上抬过头顶，然后靠惯性敲击鼓心。这种敲鼓方式的特征是鼓声大，发力狠，能够鼓舞士气，上抬鼓槌可以强调拉桨幅度。（见图4-7之持鼓槌细节与过顶击鼓、击鼓瞬间细节）

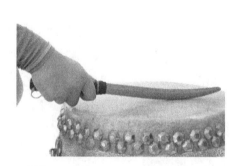

图 4-7　敲鼓

4. 不同敲鼓方式代表不同含义

起航时敲打鼓心，声音大，能激发士气；途中划行时，敲击鼓的鼓心前侧，要求队员保持节奏，动作不变形；冲刺时，敲击鼓心，鼓点快而急。平时训练时，连续敲击几下，是让大家安静下来；有事情要宣布，调船时，鼓声慢，同时指出调船方向。

二、握鼓槌的技术要求

（1）握鼓槌以轻松为原则，切勿用力紧握，造成肌腱伤害，另外腕力发力不当、鼓点不清脆，还会影响队伍划船士气和节奏。

（2）手握鼓槌的位置和敲鼓力道，根据需要也有不同，一般以握在鼓棒尾端 1/3 处为宜，若想增加敲鼓力道，可以握在最尾端。

三、易犯错误

（1）上体僵直，面无表情。
（2）手臂僵直，动作生硬，容易导致腰背痛，无法维持长时间敲击。
（3）只用臂力打鼓，不会用腕力，造成鼓点混浊。
（4）鼓点声音时大时小，音色不均匀。
（5）前臂发力过硬，抬手时高时低，腕力控制不好。
（6）鼓槌滑落，影响划船节奏。

四、教学过程

1. 击鼓教学

鼓手教学一般从握鼓槌开始，然后教坐姿，在陆地上打固定鼓。首先要体会腕关节发力，鼓手练习打鼓的顺序是：单手打鼓—双手打鼓。

2. 教学要点

既要控制好节奏，还要击鼓响亮、姿态优美，同时要注意观察划手的情况和周围的动态，保持人、鼓融为一体。

3. 教学步骤

（1）练习中可以采用先单手后双手的练习，主要练习击鼓的连续性和击鼓力度。如鼓手发力练习的顺序是：匀速敲鼓，30 响—40 响—60 响—80 响—90 响。

（2）在掌握击鼓方法后，可进行节奏的变化练习。例如，鼓手节奏感练习，30 桨/分—40 桨/分—60 桨/分—80 桨/分—90 桨/分，力求练习到鼓点误差不超过 2 桨/分。

第三节　舵手技术与教学

舵手技术是龙舟技术的重要组成部分，是保证龙舟能按规定路线行进的关键，同时是有效减少船舵在行进过程中的摩擦力而提高行进速度的一个重要环节，也是提升全队配合程度和取胜信心的重要协调者。舵手技术根据龙舟停进需要主要由放舵、起舵、推舵、稳舵、扳舵、回舵组成。

一、舵手的专项技术

放舵：舵手持好舵，把舵叶部分放入水中称为放舵。

起舵：以合理的技术持好舵后，以左手为支点，右手下压舵柄使舵叶离开水面，称为起舵。

推舵：左右摇摆控制方向，称为推舵。

稳舵：保证龙舟正确的行驶方向称为稳舵。

扳舵：当龙舟两侧出现力量失衡时，通过扳舵控制方向称为扳舵。

回舵：调整或修正方向后，把舵放在适宜位置称为回舵。

二、舵手的持舵姿态

1. 坐姿

身体正对或侧对前方，坐在龙舟尾部舵手位置，两脚置于左右舱，稳定支撑住身体；右手握住舵柄，左手扶住舵杆，使舵叶平面垂直水面，两眼注视前方。这种姿势是现在舵手最普遍采用的。

2. 跪姿

身体面向侧前方，左小腿横在龙舟尾部舵手位置，以左膝关节和左脚掌顶住两侧船舷，右脚踏在船舱内，稳定支撑住身体；右手握住舵柄，左手扶住舵杆，使舵叶平面垂直于水面，两眼注视前方。这种姿势多在玻璃钢船比赛中采用。

3. 站姿

（1）身体侧对前进方向，右脚前左脚后，头右转目视前方；右手握住舵柄，左手扶住舵杆，使舵叶平面垂直于水面，时刻观察周围情况。这种方式的最大优点是视野宽阔，便于舵手观察，多在顺风时采用。

（2）采用单手站立式，即舵手身体面向正前方，两脚开立，稳定支撑住身体，左手握住舵杆顶部（紧靠舵柄），使舵叶与水面垂直，两眼注视前方。这种方法适用于顺风而且浪小的情况下，对舵手的要求比较高，舵手必须及时观察船方向的变化，适时做出调整。一旦出现紧急情况，需马上改变掌舵的姿态。如图4-8：

图 4-8　舵手的坐姿、跪姿、站姿

三、舵手常用技术方式

1. 点式技术

舵入水后很快就提出水面称为点式技术。这种技术适用于龙舟在行驶过程中无明显的风、左右划手力量均衡和行驶方向改变较小的情况下。舵手坐在船尾，右手握紧舵柄，左手握住舵杆，将桨叶压离水面，且全神贯注。要非常敏锐地感觉到船体方向细微的变化，当船稍有偏航时，马上采用点式技术将船的方向修正。例如，船在行驶过程中，当舵手感觉到船在向左侧偏出时，应马上将舵叶压入水中并向外反复推拨后压，将船的方向修正，然后将舵压离水面。

2. 拨式技术

当船偏离航向较大时，选中水中的一个点，迅速将舵叶下压并横向推（拉）舵杆的打舵方式称为拨式技术。如果船在行驶过程中偏向左侧，此时舵手右手握紧舵柄，左手握住舵杆先内收舵柄后上抬，将舵叶压入水中后向外推出，以此来修正船的方向。

3. 拖式技术

船在行驶过程中，舵叶始终在水中控制方向，称为拖式技术。当船体方向改变很大时采用此项技术。此项技术为初学者所采用。这项技术可有效控制方向，比较稳定，如在有风浪的情况下采用此技术掉头靠岸比较平稳。

四、龙舟偏航的原因

（1）左右桨手总体重、总力量的差别太大导致偏航。

（2）划桨的能力由划桨的整齐度、个人耐力、队员竞技状态、拉桨幅度及桨频等要素构成。左桨手能力强，龙舟会向右偏航，右桨手能力强，龙舟会向左偏航。龙舟在高速行进过程中，左右桨的队员能力不一致，舵手如果不及时调整，偏航会越来越明显。

（3）左右桨手的坐姿不正确，或者划桨时身体重心过度偏外侧，或者划桨时动作没有协调一致，都可能导致龙舟偏航。

（4）受侧风的影响龙舟偏航，有前侧风时比较容易打舵，但是后侧风会加大打舵难度，容易导致龙舟偏航。

（5）受风向、水流、暗流、漩涡、侧浪的影响龙舟偏航。

（6）舵桨固定装置不牢，支点松弛，舵叶吃不住力而导致龙舟偏航。

五、教学过程

1. 教学要点

（1）一般采用双手握舵，在练习打舵的技术时，舵叶的朝向很重要，平时练习要养成好习惯。

（2）根据风向调整龙舟对准的方向，并且协调桨手平桨固定位置。

（3）培养风向感，熟知不同的风向对龙舟泊船与行进时的影响，根据风向尽最大可能利用风的助力或者减小风的阻力。

（4）熟练掌握运用打舵的不同方式，选择最有助于提升船速的方式，根据实际情况灵活转换。

2. 教学步骤

（1）握舵

握舵是舵手学习的第一步，握舵的教学可以在岸上进行，教练讲解示范，舵手模仿练习，然后舵手握舵，教练纠正，反复进行练习，直至舵手能够熟练掌握握舵技术为止。

在熟练掌握握舵技术的基础上可以进行"半陆半水"练习，即在河边陆地上固定舵，将舵叶放入水中，然后在陆地上画一个方框，舵手站在方框内练习放舵、起舵、推舵、稳舵、扳舵、回舵技术。

（2）学习坐式打舵

初学者打舵一般采用坐式打舵，坐式打舵是站立式打舵的基础，学习坐式打舵时，舵手要学习向左偏、向右偏、向左弯、向右弯、向左后转、向右后转、直线行进的基本原理。在学会掌舵的基本原理和握舵的基本操作方法后，可以下水打舵，反复练习调船头、转向等动作技术。

（3）学习站立式打舵

双手握舵，眼看前方，双脚前后站立成弓步。初学者一般在船速较慢、人数较少的船上练习，当划手拉水时，两腿用力向前蹬船，逐渐完成坐式打舵到站立式打舵的过渡。

第四节　龙舟的配合技术

龙舟运动是一项集体运动项目，没有好的配合，即使个人能力再强，也很难取得优异的成绩，相互间默契的配合是顺利完成比赛和取得优异成绩的关键。龙舟的配合技术有鼓手与划手的配合技术、划手与划手的配合技术、舵手与划手的配合技术等。

一、鼓手与划手的配合技术

鼓手击鼓信息的传递，事先与划手须有明确的约定，例如平桨、举桨、停桨、预备、冲刺、靠岸、进入航道等手势和鼓声，确保划手能够快速领会鼓手指挥信息，做到整齐划一，分工明确，配合默契。

（一）鼓手与划手的配合技术要点

（1）鼓手和划手的配合，应在平时的训练中事先进行约定和反复练习，不是单纯的划手下桨时恰好落在鼓点上那样简单，而是连续地击鼓来配合节奏、力度及划距的变化等。

（2）在比赛中全体划手要根据鼓的节奏进行划行，因此除了用耳朵听鼓的节奏外，还要用余光观察鼓手的动作和其他划手，确保动作整齐划一。

（二）易犯错误

（1）鼓点声音太小。

（2）划手没有注意鼓手的鼓点声、喊声或动作手势。

（3）划手下桨时没有落在鼓点上，与鼓点节奏不一致，极易造成划桨不一致。

（4）领桨手没有将划手的体能情况、船的行速、桨频的快慢等信息传递给鼓手。

（三）教学过程

事先约定好鼓手与划手的信息传递方式。1号划手（船体的第一排领桨划手）要与鼓手密切配合。对于体力分配、速度快慢、用力大小、桨频快慢，1号划手感觉最敏锐。1号划手应实时将感觉反馈给鼓手，并提醒鼓手击鼓频率的变化。每个划手要以鼓点声为准，插桨抓水，划水回桨，要恰好落在鼓点上。

二、划手与划手的配合技术

在比赛中，如果一支出色的龙舟队能够做到"多桨如一桨，多人如一人"，那么船体在行进中会形成合力，划船效果也会呈现最大化。如果相互之间配合差，那么即使各个划手都很出色，仍然不会取得很好的划船效果。

（一）划手与划手的配合技术要点

（1）左右领桨手之间应配合默契，在与鼓手配合的基础上，两人还要在节奏、划距、拉水速度以及插桨入水的时间上都完全一致，这是全体划手在划桨过程中整齐划一的基础。这两人的动作如果不一致，会直接导致船左右摇晃，影响船速。

（2）在划进过程中，其余划手要注意力集中，用眼睛的余光关注前排队员的划桨频率和节奏，保持划桨一致性，兼顾同排队员，随时相互提醒。插桨时要恰好落在鼓点上，跟齐桨，做到前呼后应、左右照应、互相鼓励、士气旺盛，不划"哑巴船"。

（3）无论在训练还是在比赛中，最忌讳的就是划行中停桨，停桨会直接影响全队的整齐度和划水效率，更会影响其他队员的情绪。因此，在平时的训练中要努力提高划手的能力，使其熟练掌握技术动作，即使在最累的时候也要让他们保持技术不变形，动作整齐。

（4）在进入航道、靠岸、转弯、停船等情况下，划手之间要有默契的配合，分工明确。例如，船在行进过程中需要向左转弯，这时就需要第1、第2号桨位的左侧划手向里划，右侧划手向外划，其他划手向前划，此时第九、第十桨位的左侧划手向外划，右侧划手向里划。

（5）从整体上看，所有划手的技术动作要规范。从预备姿势到插桨、拉桨、出桨、回桨这几个环节，左右划手的上方手之间和下方手之间都应在一条线上，而且身体的姿势及桨与水面的角度、插桨时机、拉桨速度、桨出水和回桨都应该保持一致。

（6）桨与人应合为一个整体，贯穿于整个技术动作；人、船、水合为一个整体，贯穿于整个训练和比赛之中。

（二）易犯错误

（1）左右领桨手之间配合不够默契，动作不一致。

（2）后面划手的注意力不集中，没能盯住前面划手的技术动作，导致动作不一致。

（三）教学过程

（1）跟桨练习：就是后一个桨位看前一个桨位动作，跟着做一模一样的动作，这是初级阶段桨手整体配合的较好办法。

（2）从侧面看整体划桨效果：从侧面看队员的下腰幅度一致，下桨同时，插桨角度一致，拉桨一致，提桨角度一致，且不挑起水花，出桨一致且不带水花。

（3）从前往后看：插桨时，全体队员的重心在船舷边，队员的下腰幅度一致，头部位置大体在一条线上，回桨时，全体队员的重心在舱内。整个插桨、拉桨、出桨、回桨过程中桨的弧度一致，桨杆的角度一致。

（4）从上往下看：所有桨手的坐姿紧贴船边，向前插桨时，上半身部分在龙舟外，探出龙舟外部分在一条线上，且沿着龙舟边上发力，龙舟两边发力呈两条平行线，两边推进力产生的波浪基本相同。

（5）要减轻领桨手的负担：第1、第2、第3号桨位桨手划的是静水，难度较大，为了保证领桨手的节奏，船体中后排划手要把力量送上去，即在实际划桨过程中插桨和拉桨要更迅速、更主动。这样前面的桨手划起来感觉才好，有利于加快桨频，船才有速度。如果后面的桨手不能承担起发动机的重任，前面的桨手就不能持久，桨频就会慢下来。

（6）插桨、拉桨、提桨都不能带起水花：在进行日常个人技术训练时，教练员就应该强调，插桨、拉桨、提桨都不能带起水花，插桨时要稳住桨，不能漂桨，桨出水时桨叶不要往上挑，不然桨叶扬起的水花会使后面的队员睁不开眼，影响跟桨效果，从而影响整体配合的效果。

（7）整体配合要注意力集中：在整体配合时，划手必须集中注意力，要紧紧跟住前一桨位的技术动作，插桨时要恰好落在鼓点上跟齐桨，前后呼应、左右呼应。士气高涨才能划好桨，才能展现整体力量。

（8）人桨合一，整体合一：这是划手训练的最高要求，也是整体配合的最高追求。在训练过程中通过肉眼观察、视频拍摄、动作模仿等方式，发现整体配合的不足，及时纠正，要让队员清楚什么地方不合理，如何纠正。

三、舵手与划手的配合技术

龙舟在行驶过程中有时候会出现舵损坏，转弯、掉头或者靠岸，比赛中遇有大的风浪等，在这些情况下，仅凭舵手一人之力调整船向是很艰难的。这就需要舵手与划手协调配合，才能在复杂的环境下顺利完成训练和比赛。下面介绍几种配合方法。

（1）在训练和比赛中，当船舵意外折断而不能正常使用时，舵手发布指令给后两排桨位划手，请其协助调整船向，这也就是常提的帮舵。帮舵是指在行进过程中根据船的方向的改变，利用划桨向外扳或者向里拉，协助舵手使船保持正确的行驶方向正常划行。例如，在舵损坏的情况下向前行驶的船有向左偏航的趋势时，一种方法是，左桨位的后两排划手及时向外扳桨，将船摆正。具体做法是：左手将桨杆压在船舷上作为支点，右手握桨柄，将桨叶垂直于水面，在船偏向左侧时，右手上抬将桨叶压入水中，同时向里压桨，反复几次后将船头调整至正确的行驶方向，其余划手正常划行。另一种方法是右侧桨位后两排划手由外向里划来调整船的方向。具体做法是：将上体横向探出，划桨横向外伸下桨，向里拉桨，将船调整好后正常划行。

（2）当鼓手发出手势使行驶中的船向右行进时，舵手传递指令给帮舵，第1、第2号桨位右桨手和后两排桨位左桨手应同时由外向里拉桨，或者第1、第2号桨位左桨手和后两排桨位右桨手同时向外扳桨，舵手可同时采用拨式技术调整船的航向。

（3）当鼓手发出手势使行驶中的船向左行进时，舵手传递指令给帮舵，第1、第2号桨位左桨手和后两排桨位右桨手应同时由外向里拉桨，或者第1、第2号桨位右桨手和后两排桨位左桨手同时向外扳桨，舵手可同时采用拨式技术调整船的航向。

（4）在进入航道后，如遇大的侧风，船不能稳定在本航道时，舵手传递指令后，划手可根据风的方向进行调整。如果风的方向是由左向右的，则左桨手由外向里拉桨，右桨手由里向外扳桨，此时舵手用波式技术来进行调整，把船摆正。如果方向是由右至左，则相反。

第五节　起航技术

好的起航是龙舟比赛中取得好成绩的关键因素之一，特别是短距离比赛中，起航如能领先，全队获胜的信心增强、士气增加，心理上占据优势，队员越划越有力量。若是起航时不好，很容易造成被动局面，竞技能力无法得到充分发挥。起航成功与否，取决于技战术能力的高低，全队配合技术的好坏和比赛经验积累的多少。

一、起航技术要点

（1）起航前全体队员一定要全神贯注，注意力集中，统一听从鼓手指挥。鼓手要冷静，大脑要灵活，了解判罚尺度。当听到"各队注意"口令时，全体划手应整齐划一举桨到达插桨位置。

（2）当听到信号枪响后，鼓手要迅速敲鼓，划手要迅速抓水发力拉桨，第一桨要"狠"，把船由静止状态进入行进状态，保持船头上翘。

（3）起航时必须拉满桨，要做到第一桨"猛"，第二桨"快"，第三桨"跟"。

（4）起航时如果是顺风顺水，船会越过起点线。因此要让船漂到起点，微微划倒桨停住船，后面的队员和舵手抓好裁判员船或起点浮标。船停在起点时要充分考虑到风的影响，水面多浪会使泊船十分困难。在顺风顺水的情况下，如果船越位而又后退的话，将会导致出发不利。在比赛中，如果采用动态起航，裁判员一般把船都排在起点线后一定距离，让船漂流至起点线，在船大致取齐差距最小的情况下，发令员就立即发令。在这种情况下，参赛人员既要注意自己的船与其他船排齐，又要注意裁判员的发令信号。

（5）起航时如果是逆风逆水，船会退回起点线外。如果在后退时起航，将遇到比顺风时更大的阻力，船更难启动。因此逆风起航取齐时，船千万不要越过起点，可由第1、第2、第3号桨位桨手严格控制速度。逆风逆水起航将需要更大的力量。逆风逆水起航时，运动员的身体应尽量前倾，舵手坐低身子打舵，以减少风的阻力。

（6）起航时遇有侧风的情况，船的直航道泊船最为困难。出发后，船的起航速度很快，由于受侧风的影响船很快就会变向。如果舵手此时下桨打舵将会增加阻力，起航速度会受到影响。所以在遇有侧风情况下的起航，与其他情况下的起航和泊船的技术是不同的。例如在遇有左前侧风或右后侧风的情况下，泊船应把船向右摆。由左后排三个桨手严格控制泊船角度和方向。一旦出发后，船在风力的作用下就会恢复正确航向。起航时舵手应尽量少下桨打舵，否则将使起航速度受到极大影响。

二、易犯错误

（1）第1桨和第2桨没有做到"猛""快""狠"。
（2）鼓手没有控制好龙舟进入航道的速度和方向。
（3）鼓手没有控制好与相邻龙舟的距离。

三、教学过程

通常情况下，起航分为启动、加速、转换三个阶段。

1. 启动阶段

桨手做好插桨入水的姿势准备，下方手臂稍弯曲，桨叶放在水面或水中，入水角度为70°~90°。听到出发信号后，迅速蹬腿、转体、拉桨发力。前6~10桨应衔接快，做到动作稳、入水深、抓水满、发力牢，使船在最短时间内摆脱静止状态，获得最快的初速度。

2. 加速阶段

启动后船获得了初速度，要通过提高拉桨速度、减少空中回桨时间、加快划桨频率和加强动作连接，进一步提高龙舟的行驶速度，力争在第15~20桨时使船速达到最大，做到桨频高、出水快、划幅短、拉水"狠"。

3. 转换阶段

出发15~20桨后，当船速达到最大时，应逐步转入途中划。此时要求桨频减慢，拉桨幅度和力量加大，船速不变。划桨节奏明显，注意划桨的深度、幅度、力度以及船的速度。

第五章

中华龙舟运动技能培养

龙舟运动技能是合理运用龙舟运动技术实现龙舟平稳快速划行的能力，运动员需要通过大脑精确支配肌肉收缩与舒张控制自己在特定时间与空间中综合完成各种技术动作，提高运动技术发挥效率。运动技能的培养，需要通过各种练习去掌握并形成有效的记忆，需要通过适应各种环境提升综合技术发挥的水平，需要有效发挥运动员的运动心智水平以提高控制运动技术发挥的能力等。基于上述基本规律，探讨影响龙舟运动技能发展的时空要素、运动学要素、综合要素等影响因素，简析龙舟运动技术风格，分析龙舟运动技能的训练过程与方法，总结龙舟运动比赛战术安排规律与比赛能力培养路径。

第一节　龙舟运动技能发展的影响要素

龙舟运动技能的形成与发展，需要运动员掌握流体力学与运动学的基本原理与方法，有效建立身体位置与动作轨迹等空间概念，更要其深刻感知动作速度与速率的变化，有效协调动作速度与划行速度的关系。通过运动技能的泛化、分化与动力定型阶段的合理训练，运动技能水平得到提升。

一、空间要素：身体姿势与动作轨迹

身体姿势是指在做动作时，身体或身体各部位所处的状态及身体各部位在空间中的位置关系，可分为开始姿势、动作进行过程中的姿势和结束姿势。龙舟划桨动作结构的总体特征和身体各环节的运动顺序：首先是下肢蹬伸，促进骨盆积极回旋，为躯干的回旋创造有利条件；其次是整个动作的核心——躯干回旋发力，带动上肢完成划船动作；最后是上肢肌肉收缩，保持上肢各环节姿势正确，调节桨叶入水角度，完成插桨、拉桨、回桨阶段的屈伸和收缩等动作。

动作轨迹是指在做动作时，身体或身体某部位所移动的路线，包括轨迹形状（直线、曲线、弧线）、轨迹方向（前后、左右、上下六个基本方向）和轨迹幅度（长度、角度）。龙舟划手技术是周期性的划桨运动，多次重复一种动作。运动员的身体在各环节总是沿着一定的运动轨迹做动作，动作轨迹可反映出划桨技术动作的内在联系和合理性。通过借助高速摄影，可以得到两种动作轨迹，一种是相对运动轨迹，另一种是绝对运动轨迹。

相对运动轨迹可以说明运动员身体各部位有一个循环动作中的相互位置和关系，以及各环节速度、力量的变化。绝对运动轨迹就像观众站在岸边观察动作，它是一桨动作的连续轨迹。比照优秀运动员的动作轨迹可不断地改进运动员的技术。

二、时间要素：动作时间与动作速率

动作时间是完成动作所需要的时间，包括完成动作的总时间，即完成动作所需的全部时间，以及各个部分的操作时间，即完成动作的某一环节所需的时间。

动作速率表现为桨频，是单位时间内的划桨次数，其计算公式为：桨频 = 划桨次数/时间。

在龙舟运动中，可以测定两种不同的桨频，一种是最大桨频，另一种是途中平

均桨频。最大桨频是运动员以良好技术和力量重复划桨而取得的，一般在出发后一段时间内达到。最大桨频和途中平均桨频可以说明运动员在最大桨频下能持续工作多长时间。教练员要教会运动员控制桨频和用最大力量的划桨来取得好成绩。

三、时空综合要素：动作速度与龙舟速度

动作速度是指在单位时间里，身体或身体某部分移动的距离，包括平均速度、瞬时速度、初速度、末速度、角速度和加速度等。

舟速体现划船的效果，其计算公式为：舟速 = 比赛距离 / 比赛成绩 =（比赛距离 / 桨数）×（桨数 / 比赛成绩）；即：舟速 = 划距 × 桨频。要提高运动成绩，就要提高划距或桨频。桨频的提高要通过提高划水的效果和不改变动作的节奏来达到，最后达到提高运动成绩的目的。

四、动力学要素：力量、划距与节奏

动作力量是完成动作时，身体或身体某部分克服阻力所用力的大小，是人体内力和外力相互作用的结果。

划距是指每划一桨舟体移动的距离，它反映了运动员划桨的力量效率。在训练中，提高划距和桨频都可以提高舟速。对初学者或者青少年运动员来说，主要是提高划距；对优秀运动员来说，则要着重提高最大桨频及最大桨频的持久能力。

划桨动作节奏是一个动作周期内各阶段速度和力量的比例，这种比例基本上是规律性的。一个动作周期包括支撑期和无支撑期，可分为入水、拉桨、出水和恢复。其中，入水约占 30%，拉桨约占 45%，出水和恢复约占 25%。动作节奏是技术合理性、正确性的重要标志之一，是相对稳定的技术因素。

第二节　龙舟运动技术风格与培养

龙舟运动有不同的技术，技术的合理运用，除受限于运动技术本身的科学性外，另一个关键问题在于各种运动技术的合理运用。为取得优异成绩，既要考虑技术因素，也要考虑训练水平，确定一个队伍的技术选择，进而形成特定的高桨或长桨等技术风格。这需要因队制宜地选择和培养。

一、龙舟运动技术风格概述

当代世界龙舟运动的竞技水平迅猛发展，对抗程度日趋激烈，运动技术也在不断地发展完善。在运动训练实践中，教练员、运动员越来越注重技术风格的培养，技术风格是运动技术的灵魂，运动员的技术风格直接关系到运动员发展的方向和技术水平。一支龙舟队要达到较高的技术水平，必须具有其独特的技术风格。

（一）龙舟运动技术风格释义

龙舟运动技术是一系列技术的系统组合，一项成功的技术包括许多技术环节，而这些技术环节以各种形式结合就形成了龙舟运动技术系统。运动员的技术系统的外在展示则显现为反映运动员成绩及竞赛胜负的因素，其中技术风格是集中体现形式。所谓技术风格，是指某运动员或运动队区别于其他运动员或运动队的技术系统，是其较为成熟定型化的、经常显现的特征。

（二）龙舟运动技术风格的主要特点

因技术风格是技术系统特征的集中体现，所以运动员技术风格不同，实际上就是技术系统不同，不同的技术系统必然会表现出不同的技术风格。技术风格的主要特点有以下几个：

1. 运动员或运动队自身的个性行为特征

运动员是技术系统、技术风格的物质载体，即任何技术系统、技术风格都要由运动员来表现。因此每名运动员都应该有区别于其他人的个性行为特征。

2. 运动员或运动队技术风格的独特性

技术风格的独特性是经过长期的运动训练实践培养起来的，并且在比赛中表现出的较为成熟和定型化的特征，换言之，只有动力定型的技术结构才有可能展现出技术风格的本质。系统构成元素和技术结构是反映不同技术系统之间区别的主要标志。其中，系统构成元素的不同主要表现在具体技术的水平质量不同，如"技术全面"与"技术单调"、"技术熟练"与"技术粗糙"的不同。不同运动员各自具体技术的组合方式不同，形成了各自的特点，运动员或运动队由此形成了独特的技术风格。

二、我国划桨技术流派分析

划桨是龙舟竞渡的技术基础，也是其核心技术之一。划桨是龙舟前进的主要动力，龙舟比赛之间的竞争，其本质是划手的较量。在现代化训练背景下，队员之间个人素质的差距越来越小，在划桨效果方面有所突破已成为各参赛队追求的目标。当前国内的龙舟队伍，划桨技术从外观方面观察，大体相同，但实际风格各异，由于技术不同，划水效果必然不同。下面主要介绍几种典型的划法：

（一）高桨频划法

桨频和划距存在此消彼长的关系，只有根据队员的具体情况找出二者最佳匹配关系才能在比赛中获得好成绩。中国传统划法是高桨频，这是数千年传承的结果。因为龙舟运动起源于江南地区，而南方人的形体特征决定了其大脑发放神经冲动的能力高，而桨频就是靠大脑发放神经冲动做出的应答性反应。

依靠高桨频曾取得过好成绩，如在20世纪80年代，顺德地区队伍代表中国首次参加香港世界龙舟锦标赛，以高出其他队伍1倍的桨频而被世界关注。从该事例中可以看出，技术动作的选择要根据整个运动队的整体情况来决定。

（二）长划距划法

欧美运动员一般采用长划距划法，因为欧美运动员身高臂长，由于身体条件所限，很难达到中国南方运动员那么高的桨频，他们便发挥自己的身体优势，在划距和划水效果方面下功夫。其具体技术动作是：靠腰腹带动划桨，划桨时有向前甩的动作，靠下腰的惯性向前下方插桨，上方手略微弯曲，以便于下方手更好地前伸；依靠蹬腿、转体拉桨，边转体边抬上体，下方手直臂拉桨，从而确保依靠身体的力量拉桨；上方手形成一个稳固的支点，无明显向前下方推的动作，桨叶在水中拉出一道弧线。拉桨至髋关节前部，上方手向内压，并有一定向上提的幅度，下方手肘部弯曲，提桨泄水时上方手得到休息；与此同时，转体带动桨前移，完成划桨动作。

第三节　龙舟运动技能训练

龙舟运动技能的形成受特定因素的影响，运动员需要根据各种影响因素进行有效的针对性的训练。一方面需要通过直观教学、本体体验训练方法进行感觉训练；另一方面需要根据运动技能本身的规律进行训练。

一、划船感觉的培养和训练

运动感觉是指对身体各部位的位置和运动状况的感觉，也就是肌肉、腱和关节的感觉，即本体感觉。它反映身体各部分的位置、运动以及肌肉的紧张程度，是内部感觉的一种重要形态。"划船感觉"是在学习和训练中获得，通过对感觉的反复强化，形成了个人的稳定的技术风格。具体步骤和方法如下：

（一）大脑建立正确影像

龙舟技术的学习、改进和提高至少要解决三方面的问题：明确什么是好技术，为什么是好技术，怎样学习和应用好技术。最终达到就像用手而不是用桨划船前进，也就是常说的"人船合一"。具体方法和要求如下：

1. 观看高水平比赛中优秀选手的表现

在播放技术教学录像和奥运会比赛实况录像前，把所有声音关掉，静静地通过眼睛观看比赛，全面将自己的身体与感觉融入赛场上的运动员中，体验不同技术环节拉桨用力的感觉。

2. 观看本人的技术录像

自我反馈与个人问题的发现是技术反馈训练法的重要内容。运动员每天观看当天水上训练时自己的技术表现，通过与优秀选手的直观对比能够更快地发现问题，进而判断什么是好的技术，找到改正的直观感觉。录像播放过程中，教练员可以让运动员自己间断性地评价好与坏，培养运动员对技术的本体感观和理解能力。

（二）水上本体感觉的训练

本体感觉是指人体运动器官在不同状态下产生的感觉。就龙舟训练而言，没有视觉干扰，能够对动作技术产生更快、更好、更深的本体感觉。训练学专家认为，生物力学无法解决运动员用力与船之间的感觉问题，桨频与力量、收缩速度等的配合只有靠运动员不断激发自己对船的感觉后才能通过练习得以提高。在水上安排1000~3000米的"闭目划"，可培养和训练运动员的技术感觉。

（三）倾听船的声音

人身体微微地运动对船位置和移动的影响是很大的，只有能够及时准确地感受船的运动情况，结合一定技术才能获得经济实效的船速。运动员要在日常的训练中发展对船移动的感知能力，应更好地用"心"去划船，挖掘对船更深的感知力。

二、龙舟运动技术技能的训练与评定

（一）龙舟运动技术技能的训练

龙舟运动技术所包含的内容较多，如划手技术、划手间的配合技术、鼓手技术、鼓手与划手间的配合技术、舵手技术、舵手与划手的配合技术、起航技术（无风浪时的起航技术、有风浪时的起航技术）等。尤其是鼓手与划手间的配合技术、划手间的配合技术与有风浪时的起航技术更需要时间来磨合。很多龙舟教练员比较重视划手技术、划手间的配合技术和鼓手与划手间的配合技术训练，而忽视其他技术的训练，因而在比赛中常常失利。

（二）龙舟水上技术技能训练与要求

如果是一支新队伍，龙舟技术技能训练应先在陆上进行。如果是一支由老队员组成的队伍，在进行恢复性训练时也应进行适当的陆上技术技能模仿练习，尤其是部分老队员的错误动作需要纠正时，更应先进行陆上练习。而如果是一支新老队员结合的队伍，同样也需要先进行陆上技术技能模仿练习与配合练习。陆上技术技能训练的目的是强化技术概念的形成。

准备期的技术技能训练要占很大比例，通常占 60%~70%，在进行长距离、超长距离、定时划或持续划的有氧耐力训练的同时，也是对技术技能的提升训练。准备期的技术技能训练主要进行划手的技术、划手间的配合技术、鼓手技术、鼓手与划手的配合技术、舵手技术、舵手与划手的配合技术、起航技术等方面的训练。

进入比赛期的技术技能训练仍占有较大比例，通常要占 40%~50%。比赛期的技术技能训练，除了继续延续准备期的技术技能训练之外，还应加强起航技术方面的训练。尤其是应加强在无风、顺风、逆风、左右前后侧风等情况下的泊船与起航技术训练。

划手间的配合技术训练的磨合期较长，不比单项训练的可以有个人技术风格，龙舟的技术特点则是全队的技术风格得到统一。人越多，统一的难度就越大。

鼓手技术的训练，尤其是频率感的建立，教练员在训练中应对此予以足够重视，要经常将测试的桨频数据反馈给鼓手。鼓手与划手间的配合技术训练则应贯穿于整个训练周期始终。

舵手技术的训练、舵手与划手间的配合技术训练，可不必做出专门的安排，而是通过教练员训练场上的技术讲解来掌握技术。舵手技术的训练尤为重要，它往往成为比赛中的重要因素。

（三）龙舟运动技术过程的评定

在转入水上训练时，教练员应始终跟船训练，从不同的角度观察每个队员的技术状况，技术上应及时予以指导，及时发现每一个队员技术上的长处与不足，及时将该队员调整到能充分发挥其长处的桨位上，取长补短，从而提高整个团队的合力。在赛前 2~3 周，每位运动员的桨位应固定下来，不宜有较大调整。

1. 观察技术训练的角度与方法

（1）岸上观察时，可观察队员划进时左右侧面的技术配合。主要观察桨入水的角度、插桨时是否恰好落在鼓点上、插桨时是否带入气泡、拉桨时肌肉发力的状况、划桨路线、出桨是否干净利落、回桨的高度、拉桨的幅度和放松情况及鼓声配合等。

（2）正面观察时，可观察正面划进时的技术配合，如观察回桨幅度、队员重心位置、桨杆与船舷的角度等。

（3）俯视观察时，可站在高处观察划进时的技术配合。例如，观察左右各 10 名划手的划水路线是否在一条直线上、桨叶面对水面的角度、桨入水时的气泡等。

教练员在船上观察时，应时常改变观察角度，或站在船头，观察上方手的动作和左右两侧回桨幅度，出桨时上方手向上、向内、向前的动作；或站在船中，观察队员的蹬腿发力是否与拉桨动作配合协调；或站在船尾，观察桨出水时带出的水花和回桨的幅度等。

2. 龙舟划手技术评价标准和方法

（1）运动员个人和全体划船移动式出发，以最快速度、最佳技术表现通过 250 米。

（2）由三名技术官员记录成绩并基于以下环节和标准进行评定。

动作表现：幅度大、高度合适、角度合理、力度适中、速度轻快、动作协调。

动力表现：臂、肩、躯干的动作平稳，节奏鲜明、协调充分，用力合理有序并有效转为划桨动力。

拉桨表现：划桨动作平稳、轻快，划水满、牢、实，有效做工时间长，入水和出水干净利落。

整体运动效果：舟艇运行平稳、方向直、姿态高漂、运行速度均匀快速。

按以下公式进行评定：

$$划船效果系数 = \frac{成绩}{划距}$$

其中，划距 =250／桨数。

第四节　龙舟运动比赛战术

龙舟运动比赛战术是指根据比赛对手的情况正确地分配体力，充分发挥自己的优势，尽可能地回避对方特长，为战胜对手而采取的合理有效的计策和行动。随着运动训练科学化程度的不断提高，高水平运动员的运动成绩日趋接近，良好的素质和技术只有通过一定的战术安排才能得以表现出来。战术是在一定的身体、技术、心理、智能的基础上形成的，同时，战术的形成和应用反过来对运动员的身体、技术、心理、智能有很好的促进作用。

一、直道比赛战术

龙舟 200 米、500 米和 1000 米比赛的战术与持续时间相同的其他竞速运动项目有相同之处。众所周知，无论什么运动项目，不仅需要专门的技巧，更需要生理适应性变化能力。

200 米、500 米比赛的桨频类似于短跑，而 1000 米比赛有途中划。以往"出发拼命领先，途中增加划距，最后加速冲刺"的较为普遍的比赛战术安排，已不能满足现在中华龙舟竞技性不断增加的需要。随着现代训练科学的发展，竞赛战术已经有了极大的改进，经过生理和心理评定之后，教练员与运动员通过合作可以选择最适合自己的竞赛距离和竞赛战术。

为了取得预期的效果，在任何情况下都要先确定和实践适合自己的某一种竞赛战术。制定的竞赛战术必须考虑到整个赛季所有的训练方法，包括辅助训练和专项训练。运动员须根据自己的身体和心理条件科学选定比赛战术。龙舟比赛主要包括以下四种基本战术：

1. 起航领先战术

起航领先战术（见图 5-1）是比赛中最常用的战术，这一战术的指导思想是在比赛中利用领先后坚持下去的方法给对手施加心理压力。根据项目的不同，起航速度快，起航时间长。采用起航领先战术要求运动员经过专门的训练，因为前 100~150 米要以近乎最快的速度划行，要持续 30~50 秒。在出发时的几种合力将引起肌肉乳酸高度堆积，为了能在高乳酸条件下划完一半竞程，运动员需要进行特殊的训练。民间龙舟队伍通常采用的战术安排如图 5-1 所示，此种战术有利于鼓舞士气、增加信心。

2. 全程匀速战术

采用全程匀速战术（见图 5-2）的运动员划前半赛程的速度低于出发速度，而划后半段的速度却高于整个赛程的平均速度。换句话说，这一战术要求有较高的平均速度。对于平均分段来说，出发落差必然减少。出发较慢的运动员不像采用领先战术的运动员那么快出现乳酸堆积，部分能量也可省下来供后半程使用。运动员在整个过程中速度一直比较平稳，整个比赛过程当中，速度波动幅度很小，体力分配相对比较合理。起航时神经兴奋与肾上腺素水平处于支配地位，所以运动员采用这种战术时必须对队伍进行总体控制，而且要有出发时落后 2~3 秒的心理准备。

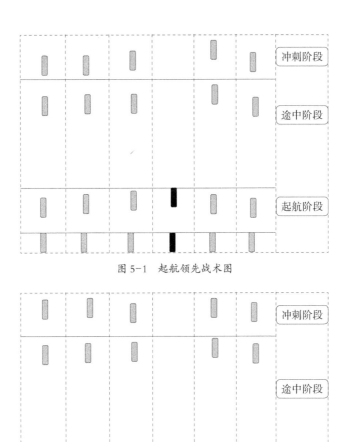

图 5-1　起航领先战术图

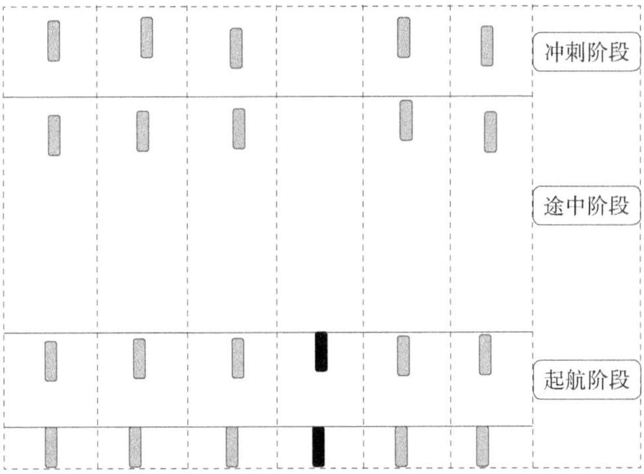

图 5-2　全程匀速战术图

全程匀速战术的训练需要大量高强度桨频的训练和有控制的出发实践，在桨手、鼓手、舵手等船员间，通过身体动作和语言交流，建立起相互配合的能量输出和出发时的兴奋控制是必要的。领桨手的任务是在出发时控制正确的节奏和桨频，以使全队节奏一致。平均速度分段几乎就是指均衡桨频，特别是在 1000 米和长距离比赛中，其优势尤为突出。

3. 负分段战术

负分段战术（见图 5-3）正如在其他运动项目（像跑步、游泳等）中所使用的战术一样，就是划完各个分段所耗费的时间是递减的，即时间增量是负数，所以叫负分段战术。按其他项目所说的负分段在龙舟比赛中几乎是不可能的，因为龙舟会受到邻近舟艇造的波浪的影响。但是在一个确定良好的出发之后，负分段战术对最后 500 米来说是可能的。

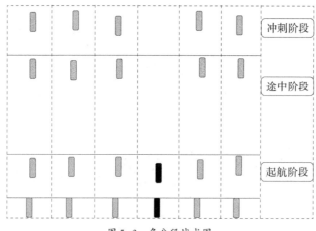

图 5-3 负分段战术图

负分段战术适用于 1000 米和长距离比赛。对于 500 米竞速来说，分段距离应该是 100 米。由于间隔距离太短，因此难以成功地控制负分段。这种战术的训练，需要运动员有良好的速度感和控制桨频的能力。最通常的是高强度和高速度相结合的练习，最好是较均匀地加速。负分段战术即根据自己的实际情况合理分配体力和比赛各阶段的距离，逐渐加速并在一定距离内保持恒定速度，力争前后半程时间分配均衡。采用这种战术通常需要队员有良好的速度感，并对自己的竞技能力有良好的控制，合理分配体能，保持良好的竞技状态。

4. 分段变速战术

分段变速战术（见图 5-4）即在分段中通过控制自己的速度来进行快慢变化，目的在于打乱对手的速度节奏，最大程度地消耗对手的体力。这种战术通常出现在 1000 米的比赛中，能有效克制对手的跟划战术。

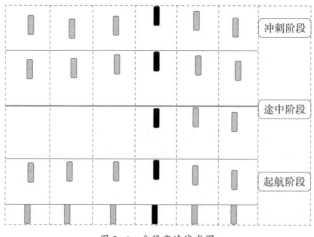

图 5-4 分段变速战术图

二、长距离比赛战术

长距离比赛战术主要是转弯绕标技术的运用。在集体起航后,除了运用直道比赛的起航领先技术、全程匀速战术或负分段战术外,还可以采用规则允许的借浪战术或乘浪战术(见图5-5)。

图 5-5 乘浪战术示意图

借浪是利用前面一条舟艇的尾浪来帮助推动自己的舟艇向前的技术。如果自己的龙舟在前面舟艇的尾浪峰前,借浪运动员与前造浪运动员的速度"相同",借浪运动员可以节省30%~50%的能量。

如果前面的龙舟吃水深度或运动员较重,尾浪更大。乘浪就是将龙舟置于尾浪尖上,使其尾翘,然后持续"顺山坡往下滑"。方法是:龙舟乘浪者将龙舟头与"造浪者"的龙舟中部的延长线连成一条线,并与该龙舟相隔一定距离。

根据流体力学知识,我们知道前龙舟的尾浪会将乘浪的龙舟尾推向一侧面,将其龙舟头向下吸,若无思想准备就会撞船。

我们还应辨认是乘第一浪,还是第二浪、第三浪。领先龙舟所造的第一浪最深,利用效果最好,而第二浪、第三浪几乎不能将龙舟尾部托起。

在比赛中,如果战术方案制定和实施得好,可以打乱对手的节奏和惯用速度。划在边浪或尾浪上的运动员暂时加速,给对手造成要超过去的错觉,大多数领先的运动员都会做出反应,并且加速维持自己的领先地位,于是,尾随的运动员便落在边浪或尾浪的后面。如果乘浪的运动员有足够的体力,通过有效的战术使用,可以对前面造浪的运动员造成极大的影响,从而取得最后胜利;反之,造浪运动员可以轻易地用这种方法把乘浪运动员甩开。

三、起航技术应用

好的起航是在龙舟比赛中取得好成绩的关键因素之一，特别是短距离比赛中，起航如能领先，全队获胜的信心增强、士气增加，心理上占据优势，队员越划越有力量。启航不利易造成被动局面，竞技能力也无法发挥。起航成功与否，取决于技术战术能力的高低、全队配合技术的好坏和比赛经验的多少。

（一）起航基本技术

通常情况下，起航基本技术分为启动、加速、转换三个阶段。

（1）启动阶段：运动员按插桨入水姿势准备，下方手手臂稍弯曲，桨叶放在水面或水中，入水角度为70°~90°，听到出发信号后，迅速蹬腿、转体、拉桨发力。前6~10桨衔接要快，做到动作稳、发力牢、入水深，使舟艇在最短时间摆脱静止状态，获得初速度。

（2）加速阶段：启动后，舟艇获得了初速度，要通过提高拉桨速度、减少空中回桨时间、加快频率使动作连接，来进一步提高龙舟的行驶速度，力争在15~20桨左右使船体速度达到最大，做到桨频高、出水快、划幅短、拉水"狠"。

（3）转换阶段：出发20~30桨后，当船速达到最大时，应逐步转入途中划。此时要求桨频减慢，拉桨幅度和力量加大，船速不变，划桨节奏明显，注意划桨深度、幅度、加速度。

（二）起航技术的应用

1. 无风浪时起航

（1）鼓手应指挥与控制龙舟进入航道的速度和方向。由前两排桨位划手控制进入航道的速度，因为他们是离起点最近的人，前两排桨位和后两排桨位的划手与舵手控制好方向，使龙舟置于航道正中间。

（2）鼓手应注意和指挥与相邻的龙舟保持适当的距离。由鼓手指挥后两排桨位划手向前或向后，最后停在起点线后。

（3）起航前全体队员要全神贯注，统一听从鼓手的指挥，注意力集中。鼓手距离发令员近时可听枪声，距离发令员远时可看信号。当听到"预备"口令时，全体划手应整齐划一举桨到预备姿势准备划桨。

（4）当听到枪响后，运动员要充分运用腰、躯干、背、肩等大肌肉群的力量，配合蹬腿、直臂拉桨。要求插桨深、拉水实，第一桨插水位置应在最适合发力的点上（外侧膝前10~15厘米处），要求插深、拉实、拉快，动作幅度不宜过大，使船摆脱静止状态，有一个向前的势能；第二桨跟进要及时，回桨插水要快，要在第一桨给船向前的势能的基础上再给船一个力,这一桨要求划距比第一桨长,插桨快而深,拉水实,使船由静止状态进入运动状态;第三桨在第二桨的基础上进一步加大划距,保持插水深度,拉实、拉快,拉水的节奏逐渐加快,动作幅度也逐渐加大,10桨内使船达到一定速度,然后进入加速划或途中划阶段。

2. 有风浪时起航

(1) 顺风时起航技术及注意事项。起航时如果是顺风顺水,船会越过起点线。因此要让船漂到起点,并向后划停住船。如果后面有裁判员船,舵手可抓住裁判员船,其余划手间断性地向后划,以减轻舵手的压力。如果风浪对泊船影响大,则前三排桨手可协助舵手稳船。如果是活动起航,裁判员会利用口令使各个龙舟都排到起点线后的一定距离,让船自由漂至起点后,在各船差距最小时发令,在这种情况下,所有队员要注意裁判员的发令信号。

在顺风情况下,划手可利用船向前的速度,前几桨身体的前倾角度可小一些,桨频稍高,舵手可站立掌舵,借助风力给船提供动力。

(2) 逆风时起航技术及注意事项。起航时如果遇到逆风逆水,船会退回到起点线以后,如果在后退时起航,会形成更大的阻力,船很难起动。因此,在逆风逆水情况下裁判员取齐时,在不越过起点线的同时,由前3排划手控制船,使船不向后移动,且时刻注意裁判员的信号,当裁判员发出"各队注意"时,要向前划几桨,当喊"预备"时,全体划手举桨,船会恰好停在起点线后不后移,然后出发。这需要划手有经验,掌握好力度,既不犯规,也不吃亏。在这种条件下起航,要求舵手应尽量以坐姿掌舵,减少风的阻力。

(3) 侧风时起航技术及注意事项。比赛时,裁判员在参赛龙舟在起点线后取齐时方可发令。而在遇有侧风的情况下船在直航道上泊船最为困难。出发后,船的起航速度很快,由于受侧风的影响船很快就会变向。舵手如果此时下桨打舵会增加阻力,使起航速度受到影响。所以遇有侧风情况下的起航与其他情况下的起航和泊船技术是不同的。例如,在遇有左前侧风和右后侧风的情况下,泊船时应把船向右摆。由右侧前排桨手和左侧后排桨手严格控制泊船角度和方向。一旦出发,船在风力的作用下就会恢复正确航向。起航时舵手应尽量少下桨打方向,否则将影响船速。泊船的倾斜角度应视风力大小决定。如遇到右前侧风和左后侧风,泊船时应把船向左摆,由右侧后三排桨手严格控制泊船角度和方向。

四、冲刺技术应用

冲刺技术包括临近终点的加速划技术和冲线技术。加速划技术和起航技术近似，主要通过持续短划桨提高动作速度和桨频以提高船速，要求动作齐，拉桨快，划桨短。冲线技术是指龙舟运动员在接近冲线时，利用船身比人体体重轻的特点（惯性原理），使身体后仰，用力蹬船向前。

五、龙舟战术的制定

战术方案的制定是赛前战术训练的基础。在方案制定过程中，首先要考虑充分发挥自己各方面的优势；其次要考虑抑制对方的长处，不让对方发挥其优势；最后要考虑既能充分发挥每个运动员的特点，又有利于展现最大的整体效能。

（一）战术方案的基本内容

（1）战术任务和具体目标。

（2）预测和研判对手的战术意图，包括进攻与防守及心理等。

（3）确定战术原则。

（4）战术行动，包括具体的任务分工等。

（5）预测比赛过程中可能发生的情况及应变措施。

（6）适应竞赛环境的措施。

（7）赛前战术训练的安排。

（8）对本方案做好保密要求及赛前隐蔽工作。

（二）制定战术方案的注意事项

（1）及时收集准确的情报。情报在战术方案的制定过程中具有重要参考意义。所谓"知己知彼，百战不殆"，就是通过获取情报来实现的。战术方案的制定应以准确的情报为基础。

（2）处理好战略决策和战术决策的关系。所谓战略决策，是指针对参加一次比赛的全局性问题（主要有比赛目的、战略原则）所进行的决策。竞赛战略决策能力的高低，取决于决策者对竞赛全局是否了解，包括竞赛规则的限定及灵活区域，竞赛双方的现实状况及可能发展的程度，影响比赛过程和比赛结果的错综复杂的因素及其相互关系，可能出现的偶然情况的预测和应变措施等。所谓战术决策，是指针对比赛中具体情况而进行的决策。相对于战略决策而言，战术决策是局部的。

（3）考虑竞赛环境的影响。竞赛环境（包括竞赛场地、器材条件、地理气候、裁判员、观众等）是制定战术方案时必须加以考虑的重要因素。例如，龙舟比赛中，比赛场地中 3 米 / 秒以上风速的逆风环境使龙舟行驶速度减慢，完成比赛距离的时间延长，因而，有经验的龙舟选手往往采用全程匀速战术，以保证在最后阶段有充沛的体能完成冲刺。

（4）充分利用竞赛规则。严格来说，任何战术的运用都要受到规则的制约。因此，在制定战术方案时，必须考虑规则因素。同时，应充分利用竞赛规则来达到战术目的。

（5）计划性与可变性相结合。战术方案就其实质而言，是一种计划。既然是计划，就必然带有预测性。而比赛中的情况往往瞬息万变，即便是再周详的计划也难以确保万无一失。在这种情况下，如果再按照原有计划进行，便很可能陷入被动局面。因而，此时需要迅速改变原定计划。综上所述，战术方案应保持合理的弹性。战术的结构应是一种弹性结构，而不是一种刚性结构，它的变化应随着赛场上的变化而有所调整。在现代运动训练中，战术的高度计划性与运动员、教练员创造性的出色发挥之间的高度统一，成为决定比赛结果的重要因素。

第五节　龙舟运动员比赛能力培养

培养龙舟竞渡运动员的比赛能力是日常训练的重要任务之一，应有目的地将其列入训练计划。龙舟竞渡运动员比赛能力的培养主要有以下几个方面：

一、提高训练水平

良好的训练水平，是龙舟竞渡运动员比赛能力形成和塑造的前提。训练水平的高低直接影响运动员比赛的心理活动、机能发挥和应变以及适应能力。努力提高训练水平，尤其是专项储备能力，是运动员比赛能力培养的基础工程。训练水平和专项能力的提高，使运动员比赛能力的提高成为可能。

二、常年训练与阶段训练

合理的训练计划是控制和形成运动员竞技状态的根本保证。运动员的比赛能力与竞技状态的控制和形成有密切联系。

运动员个体比赛能力的培养具有明显的阶段性和差异性等特征。运动员比赛能力的培养，应与各训练时期和阶段的训练任务、训练水平相吻合，不应脱离实际训练水平，采取揠苗助长的短期行为。训练水平的提高、竞技状态的形成及比赛能力的完善应围绕重大比赛制订相应的实施计划。

龙舟训练的实质是处理训练量和训练强度的融合。多年训练追求的目标是在高强度的条件下完成大运动量。龙舟竞渡的训练属于体能主导类，训练的目标是最大限度挖掘队员的潜能，提高其体能储备。为了提高队员体能，我国著名教练员马俊仁采用的方法是准备期前期的训练指导思想是"少吃多餐"，即训练的时间短、跑量少，但次数多，然后按照既定的目标逐步增大跑量，提高强度，减少训练次数。这种从"少吃多餐"到"多吃少餐"的转变，就是训练由初级阶段向高级阶段转变的过程，既实现了增大训练负荷量的高目标，又保证了训练负荷强度的高起点，既符合物质从量变到质变的规律，又符合人体运动机能逐步改善和提高的生理学规律。在这一过程中，既培养了运动员顽强拼搏的意志和品质，又使运动员储备了雄厚的专项比赛能力，为运动员成功地参加比赛和创造优异的运动成绩打下了坚实的基础。要想在赛场上超过对手，一定要比对手训练得更多更好。

三、专项比赛训练

比赛能力与运动员在不利条件下进行专项比赛的心理状态与意志、品质有极大的关系。日常训练中应培养运动员在各种不利条件下稳定发挥专项水平，成功地进行比赛的能力。

运动员要适应在各种气候和水域条件下进行比赛。例如要适应不同温度、湿度、海拔、风向、风力和复杂的水域比赛条件（环绕赛），甚至适应在雨中比赛等。只有平时进行严格训练，比赛时运动员才能有稳定的心理状态，才能做到临场沉着，充满信心。

另外，要熟悉并适应紧张喧闹的比赛环境，做到能排除干扰，集中精力参加比赛。

训练要考虑比赛的实际情况，训练难度要尽量接近或者高于比赛难度，这样才能确保在比赛中发挥训练水平。例如，直道竞速项目要求队员具备划完全程的能力，同时要考虑预、次、复、决四个不同赛次中对能力的发挥和保留。训练要从比赛实际需要出发，把比赛能力的提高融于训练过程中。

四、应变能力的培养

比赛过程中，主观和客观的情况随时都可能发生变化。运动员要善于根据比赛过程中出现的情况，独立果断、迅速准确地采取相应的应对措施，以保证在比赛中发挥出自己的水平。

龙舟比赛在江、河、湖、海的水面上进行，风向是影响比赛的重要因素之一。

在比赛中，采用活动起航，如果风大，龙舟上核心的队员要指挥队员采取应变措施，确保平稳起航；对于不同风向，舵手要采用相应的打舵方法，根据不同的风向，划手要采用不同的方案。

龙舟比赛分预、次、复、决四个赛次，鼓手要根据每赛次后队员的身体状况采用相应的战术。比赛因故推迟，同组比赛中有的队"抢航"以及其他外界环境干扰等，都不应影响运动员比赛的心理状态。

激烈比赛中的应变能力，应在训练中专门培养，它是影响比赛能力、比赛中训练水平正常发挥的主要因素之一。

应变能力来源于较高的训练水平。训练水平越高，应变能力越强。首先，模拟比赛，对比赛中可能出现的不利情况要做到心中有数。其次，要多参加比赛，及时总结经验。最后，平时要培养运动员独立训练、独立比赛的能力。

五、赛练结合

比赛能力最终只有通过比赛去获得和提高。平时的模拟比赛同正式比赛，特别是重大比赛相比，运动员的心理负荷和运动水平的发挥有很大的区别。运动员只有在平时严格训练的基础上，多参加各种类型的比赛，认真总结比赛经验和教训，才能确保比赛能力的不断提高。比赛是运动员训练水平和比赛能力最重要、最具说服力的评定与检验手段。

以赛代练、以赛促练已经成为训练的常识。在准备期有计划地参加比赛有助于提高专项强度，发现训练中存在的问题。所积累的比赛经验，是平时练习中很难得到的。有的龙舟队在重要比赛前2~3个月就闭门训练，不参加任何比赛，以"保存能量"，企图在正式比赛中一举定乾坤。这种做法是不可取的，训练是"积累"、比赛是"消耗"的观点是失之偏颇的。合理的观点是，比赛是一种特殊的训练手段，是训练的强化与飞跃，不能把训练和比赛对立起来。所以说，合理选择比赛、制订比赛计划和安排比赛任务是教练员执教水平的体现。在训练的准备期必须穿插一定的比赛，以检查每个阶段的训练效果，评估队员的状态。

现代运动训练的突出特点之一是不断增加比赛活动的参加次数。龙舟竞渡的比赛全年都有，贯穿四个季节，当前中华龙舟大赛共八站，高水平龙舟队员参加比赛已经全年化。当前高水平龙舟队已经实现俱乐部化，俱乐部的经费源于赞助商的赞助，而参加高水平比赛也是筹集资金的重要途径之一。

众多的研究表明，在职业队的训练中，比赛在调动运动员心理、机体、专注力等方面的程度远远高于日常训练。只有在比赛过程中，运动员才能表现出超出机体能力的极限水平，比赛对机体的刺激强度高于日常的训练。

安排年度比赛计划的主要依据就是按照比赛的重要程度及其在训练过程中的作用和地位，明确地区分各种比赛。从训练的目的和要求看，龙舟比赛大致可以分为训练性比赛、检查性比赛和最高水平（主要）的比赛。训练性比赛一般1~2周安排一次，成绩一般比最高成绩低4%~7%；而检查性比赛成绩则比最高成绩低2.5%~3%；高水平比赛是指训练周期中的主要比赛，或国际国内重要赛事，需要发挥出最高水平或超水平发挥。龙舟竞渡训练制订比赛计划时必须考虑如下几点：

（1）一年内比赛的分布要相对均衡，要与不同阶段的训练计划相对应，这能对年训练质量起良好的作用。

（2）在准备期后半期和比赛期初期，即在专项训练程度最高时，比赛要集中一些。在这段时间内，运动员的机体往往对平时所采用的训练手段反应不大，而比赛则是促进训练水平进一步提高的有效手段。

（3）运动员只有在达到各训练指标规定的目标时，才能参加比赛。

（4）正确的比赛计划安排要保证运动员在重大比赛时处在最佳竞技状态。每年的重大比赛是运动员建功立业的机会，其他比赛是保证运动员达到最高水平的阶梯，应为重大比赛服务。

（5）比赛持续时间短的项目，例如200米直道竞速、500米直道竞速，对身体和心理素质的要求相对较小，疲劳恢复较快，为了提高成绩可以增加一定的比赛次数；反之，以耐力为主的项目，如3000米环绕赛，比赛次数应少一些，每年安排不超过25次。

六、思想品德教育

比赛能力与运动员比赛的责任感和荣誉感、对待比赛的态度以及比赛过程中战胜自我的自觉性有密切关系，而这一切的培养与形成又取决于多年训练过程中教练员思想教育工作的针对性和有效性。

比赛能力的高低不单纯是一个训练水平问题，它与运动员的思想品德以及严格的生活制度有极大的关系。在艰苦的训练和比赛中，严格的生活制度是训练的保证，强烈的集体荣誉感会产生巨大的斗志和动力。那种处处考虑个人利益的运动员，在比赛中只能是心理紧张，患得患失。训练和比赛的动机是运动员参加训练和提高比赛水平的内部动力，动机的正确程度在很大程度上影响着运动员的训练和比赛行为，因此比赛能力的培养也是一个长期的人格塑造的过程。

第六章

中华龙舟运动体能训练

体能是身体的运动能力的基础，体能训练是结合专项需要进行合理的负荷刺激，提高各器官系统机能活动能力，充分发展力量、速度、耐力、柔韧、灵敏等运动素质，提高运动成绩的训练过程。本章根据龙舟运动竞技的特点，结合国内外先进的训练理念与方法，首先对龙舟运动员体能训练的评估进行指标筛选，通过运动员的体能水平评估进行有针对性的训练。然后根据龙舟运动训练的基本特点，设计相应的稳定性、柔韧性、耐力和力量训练方法，总结训练的基本原则，了解体能训练组织与安排，并阐述龙舟运动训练中常见的运动损伤及防治方法。

第一节　龙舟运动员体能评估

体能评估是体能训练的前提。通过科学的评估，明确运动员的体能发展优势与不足，为运动训练方法的选择和运动训练过程的控制提供依据。当今的体能评估方法很多，在此梳理一般体能评估方法，借鉴 FMA（运动功能评定）的评估技术和功能性训练要求，设计龙舟运动员的体能评估方法。

一、运动员体能评估指标的筛选

关于龙舟运动员功能动作水平及体能指标设计，我们在文献分析的基础上，将体能分为身体形态、身体机能、身体素质，结合功能动作水平指标共总结出 39 项指标（见表6-1），并对 10 名相关专家进行了两次问卷调查，经过计算得出这 2 次问卷的加权平均数符合正态分布，皮尔逊相关系数 $r=0.87$。一般来说，其相关系数大于 0.8，可信度高，可以说明两次问卷具有较好的稳定性，信度比较高。通过李克特量表法把每个指标分别设计为非常不重要到非常重要共五个等级，系数分别为 1、2、3、4、5，采用加权平均数算法，利用公式 $\bar{x}=\dfrac{k_1 \cdot a_1+k_2 \cdot a_2+k_3 \cdot a_3+k_4 \cdot a_4+k_5 \cdot a_5}{k_1+k_2+k_3+k_4+k_5}$ 来计算出每个指标的加权平均数。研究表明，得分 ≥ 4 的指标为关键性指标，将其作为测试指标。最终总结出龙舟队员的身体形态、身体机能、身体素质、功能动作水平等共 18 个指标，采用专家打分的方式来进行问卷效度检验，有 10 名专家对问卷效度进行了打分，共有 70% 的专家对问卷的结构非常满意和满意，有 80% 的专家对问卷的内容非常满意和满意。下面列举部分指标进行简述。

（1）身体形态指标

本研究的身体形态指标包括体脂率、安静胸围、安静上臂围、上臂紧张围。

（2）身体机能指标

本研究的身体机能指标包括肺活量、1 分钟内静息心率和测功仪心率。

（3）身体素质指标

本研究的身体素质指标包括力量素质、专项速度素质、耐力素质、柔韧性素质和爆发力。力量素质指标包括 3 RM（最大值重复拉）卧拉、3 RM 卧推、2 分钟卧拉、2 分钟卧推；专项速度素质与耐力素质指标为 100 米测功仪、500 米测功仪、2000 米测功仪；柔韧性素质采用坐位体前屈；爆发力素质为实心球旋转抛、测功仪单次划桨最大功率。

（4）功能动作水平

本研究的功能动作水平采用功能性动作筛查（Functional Movement Screen，FMS），FMS起初广泛用于体能训练和康复理疗领域，具有较高的信效度。FMS测试是由7个功能动作和3个伤病排查动作测试构成的，主要动作包括：过顶深蹲、跨栏步、直线弓箭步蹲、肩部灵活性、主动直腿抬高、躯干稳定俯卧撑、旋转稳定；排除性测试包括：肩夹击排除测试、伏地起身排除测试、臀部后座排除测试。每一项动作给予0到3分四个分数值的评分等级，根据完成的动作质量给出相应的分数，最高分数为21分，分数越低发生运动损伤的风险越高，反之，分数越高发生运动损伤的风险越低。

表6-1 龙舟运动员体能评估选定指标

测试指标	主要作用
功能性动作筛查（FMS）	动作模式测试
体脂率	身体形态
安静胸围	
安静上臂围	
上臂紧张围	
肺活量	身体机能
静息心率	
测功仪心率	
3 RM 卧推	上肢最大力量
2分钟卧推	上肢最大耐力
3 RM 卧拉	上肢最大力量
2分钟卧拉	上肢最大耐力
100米测功仪	专项速度
500米测功仪	专项无氧耐力
2000米测功仪	专项有氧耐力
实心球旋转抛	爆发力
测功仪单次划桨最大功率	
坐位体前屈	柔韧性

二、运动员体能评估指标的测试方法

(一)功能动作模式测试方法

1. 过顶深蹲动作测试

脚自然开立,略与肩同宽,正手握杆放于肩部,做下蹲动作。在下蹲的同时双臂向正上方推测量杆并保持杆与地面平行,在完成动作的同时,小腿与躯干平行,膝盖及测量杆保持在脚的正上方。能完成者为3分;如果完成不了,进行2分动作,即在3分动作的前提下脚跟垫上模板,能完成者为2分;如果能完成,但出现身体晃动、不平行则为1分;在做的过程中,身体任何部位出现疼痛则为0分。(见图6-1)

图6-1 过顶深蹲动作测试

2. 跨栏步

首先测量胫骨粗隆的高度,身体直立,双脚合并,脚尖顶住测量板,双手正握测量杆置于肩部,使绳子的高度与胫骨粗隆的高度保持一致。在做跨栏步动作时,髋、膝、踝在一条直线上,躯干不出现晃动,测量杆与地面平行。能完成者为3分;如果出现不在一条直线上、躯干晃动、测量杆不平行,则为2分;如果脚碰到线,身体失去平衡,则为1分;在做的过程中,身体任何部位出现疼痛则为0分。(见图6-2)

图6-2 跨栏步测试

3. 直线弓箭步蹲动作测试

以右侧为例,在测试的时候,已知胫骨粗隆的高度为步长,右脚在起始点,左脚在测量板胫骨粗隆的长度处,右手在上,左手在下,测试杆紧贴躯干并与地面垂直,做屈膝下蹲动作。做动作过程中测试杆紧贴躯干并垂直地面,躯干没有晃动,后腿膝盖触碰前脚脚跟的测量板则为3分;出现任何一点不符为2分;身体失去平衡为1分;身体任何部位出现疼痛为0分。(见图6-3)

图6-3 直线弓箭步蹲动作测试

4. 肩部灵活性动作测试

首先用测量杆量出手掌长度（指跟到中指之间距离），两手握拳背向身后，虎口相对，两手间距离在一个手掌内为3分；在一个半手掌内为2分；超出一个半手掌的则为1分；出现疼痛为0分。（见图6-4）

5. 主动直腿抬高动作测试

身体自然平躺于地面，双手放松放在身体两侧，两个膝盖下放上测试板，脚尖向上，直直抬起一条腿。如外踝垂线在另一条大腿中点以上则为3分；在大腿中点与膝盖之间为2分；位于膝盖以下为1分；出现疼痛为0分。（见图6-5）

图6-4 肩部灵活性动作测试

图6-5 主动直腿抬高动作测试

6. 躯干稳定俯卧撑动作测试

双手与肩同宽并且拇指与前额顶端对齐，身体同时以一个平面撑起，脊柱不弯曲为3分；将拇指与下巴对齐，身体同时以一个平面撑起，脊柱不弯曲为2分；如果完不成则为1分；出现疼痛为0分。（见图6-6）

图6-6 躯干稳定俯卧撑动作测试

7. 旋转稳定动作测试

在测试过程中,双手撑地双膝跪在地面上并且都与地面保持垂直,两手与两膝之间放上测试板,同侧手与膝盖同时抬起至水平。能完成肘与膝盖接触并恢复至水平为3分;异侧能完成则为2分;不能完成为1分;测试过程中出现疼痛为0分。(见图6-7)

图6-7　旋转稳定动作测试

(二)身体形态测试方法

1. 体脂率

场地器材:龙舟体能房、体脂测试仪。

方法:体脂测试仪插上电源,赤脚站在平面上,体重测量完毕,输入性别、年龄、身高,双手握紧体脂测量仪开始测量体脂率。

2. 安静胸围

场地器材:龙舟体能房、皮尺。

方法:龙舟运动员正直站立,两脚分开略与肩同宽,两手自然下垂,测量者在一侧将皮尺从肩胛骨下角绕至胸前上缘。

3. 上臂紧张围

场地器材:龙舟体能房、皮尺。

方法:龙舟运动员自然站立,两脚自然分开略与肩同宽,手掌握拳,手臂用最大力弯曲,用皮尺测量肱二头肌最突起部位。

4. 安静上臂围

场地器材:龙舟体能房、皮尺。

方法:两臂及手掌自然放松下垂,用皮尺测量肱二头肌最突起部位。

(三)身体机能测试方法

1. 肺活量

场地器材:龙舟体能房、电子肺活量测试仪。

方法:龙舟运动员在进行两次深呼吸后,用力地深吸一口气,用嘴巴缓缓呼出至没气，测试三次，中间间隔为 15 秒，在吹完气后，记录三次测试的最大数值。

2. 静息心率

场地器材：秒表。

方法：测试者在晚上临睡前，在身体最安静的状态下测试 1 分钟心跳次数。

3. 测功仪心率

场地器材：龙舟体能房、龙舟测功仪、秒表。

方法：测试者在进行 500 米测功仪测试后，立即进行 1 分钟的心率测试。

（四）身体素质测试方法

1. 3 RM 卧推

场地器材：龙舟体能房、卧推架、杠铃。

方法：龙舟运动员自然躺在卧推架上，两只脚放在地面，在推的时候不借助腰部发力，紧贴架子，杠铃在胸上一定距离后再次推起，测量三次能推起的最大公斤数。

2. 2 分钟卧推

场地器材：龙舟体能房、卧推架、杠铃。

方法：以最大公斤数 50% 的重量，用同样的卧推方法测量 2 分钟内推起的个数。

3. 3 RM 卧拉

场地器材：龙舟体能房、卧拉架、杠铃。

方法：龙舟运动员俯卧在卧拉架上，身体紧贴卧拉架，双手正向握住杠铃，身体不能抬起借力。当杠铃碰到卧拉架为一次，测量三次能拉起的最大公斤数。

4. 2 分钟卧拉

场地器材：龙舟体能房、卧拉架、杠铃。

方法：以最大卧拉公斤数 50% 的重量，用同样的卧拉方法测量 2 分钟内卧拉的个数。

5. 100 米、500 米、2000 米测功仪、测动仪单次划桨最大功率。

场地器材：龙舟体能房、龙舟测功仪。

方法：测试对象充分热身，调整好测功仪表盘，进行专项能力测试，测试成绩以表盘上的数值为准。（见图 6-8）

6. 实心球旋转抛

场地器材：操场、实心球、米尺。

图 6-8　测功仪测试

方法：测试者双脚平行开立，双腿微曲，双手持球借助蹬转力量将4千克实心球抛出，身体不准出划定的界线，将球置于身体左右两侧，每侧分别抛两次，以球的第一次着陆点最远距离为准。（见图6-9）

图6-9 实心球旋转抛

7.坐位体前屈

场地器材：龙舟体能房、坐位体前屈架。

方法：测试者提前做好热身活动，充分拉伸，两腿伸直，坐在测试区，两脚平蹬测试板。上体前屈，双臂伸直。用两手中指逐渐推动游标，直到不能推动为止。

第二节 龙舟体能训练方法

根据"功能性训练金字塔模型"，将龙舟体能训练方法分为身体稳定性训练方法、身体柔韧性训练方法、身体耐力训练方法和身体力量训练方法四大类。其中身体稳定性训练方法包括肩关节及上肢稳定性训练方法、核心稳定性训练方法和下肢稳定性训练方法；身体柔韧性训练方法包括动态拉伸和静态拉伸；耐力训练方法包括有氧耐力训练方法和无氧耐力训练方法；力量训练方法包括上肢力量训练方法、核心力量训练方法、下肢力量训练方法和全身力量训练方法。

一、稳定性训练

体能训练金字塔模型中，灵活性与稳定性是人体运动的基础。但是二者相比，稳定性占有更加重要的地位。从单关节运动来讲，其灵活性的实现，需要关节一端的稳定支撑，另一端的灵活性才能实现。在解剖学与生物力学中存在"近固定"与"远固定"两个专业术语，这就表示一切的运动都需要一个稳定的固定点、轴或者面。例如，人体完成仰卧直膝抬腿时，需要屈髋肌群收缩，如果此时骨盆在冠状轴上稳定性不足，肌肉收缩并不会帮助人体抬腿，反而会引起骨盆前倾，导致运动的结果与目标南辕北辙。人体三个运动面之间也存在着互为固定的作用，例如，在完成急停跳远踏跳的一瞬间，如果人体冠状面不够稳定，矢状面的能量会转移至冠状面，踏跳蹬伸的向前、向上的效果会下降，泄漏的能量会转移至躯干向左右的方向。在人体多环节运动中，临近关节总是交替发挥着灵活与稳定的作用，因此解决身体多环节、多维度的稳定性问题是体能训练的第一要务。

（一）肩关节及上肢稳定性训练方法

肩关节作为人体最灵活的关节之一，其稳定性更具有重要的意义。肩关节又叫盂肱关节，与其他关节不同，肩关节是一个骨性稳定性较差的关节，关节球较大，关节窝较小而浅，因此肩关节主要依靠不同方向肌肉共同收缩的合力作用，将肱骨头挤压于盂窝内以维持稳定性。肩关节内旋和外旋是一对经常被用于测试拮抗肌力平衡的动作，其原动肌互为拮抗肌。研究表明，肩关节内外旋拮抗肌力比的正常值为2∶3。内外旋肌力一旦失衡，极易导致肩关节损伤。

首先，对于上肢活动要求较高的龙舟运动而言，肩带肌的正常功能将直接影响练习者手的触碰范围。其次，在上肢长期大幅度、高强度运动的专项需求背景下，肩胛骨与盂肱关节任何轻微的代偿动作都会给运动损伤带来隐患。根据这一思路，选择肩关节及上肢稳定性训练方法时，主要目的为促进肩周肌肉拮抗肌在多平面、多维度的肌力平衡，使肩胛骨在多方向的运动中不受限制，时刻保持动态平衡，维持正常的盂肱节律[1]。通过创造非稳定的力学环境，强化肩部稳定肌群在近固定以及远固定情况下的肌肉力量以增强其维持关节稳定性的功能。

1. 动作名称：俯卧I字（见图6-10）

动作要点：

（1）俯卧于垫上，双臂伸直贴近耳侧，与躯干呈180°夹角，形成"I"字；

（2）两侧肩胛骨向内向下收紧，双臂抬起2~3厘米，保持3~5秒；

（3）回到起始姿势，重复规定次数；

---

[1] Cailliet R. The shoulder in hemiplegia [M]. Philadelphia: FA Davis Co, 1980: 80.

（4）注意保持腹部收紧，拇指向上，肩胛骨收紧后抬起手臂；

（5）激活肩部肌群。

动作功能：通过俯卧 I 字动作练习，激活肩胛骨周围肌群，提高肩部的稳定性，降低肩部运动损伤风险。

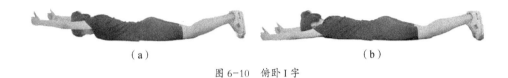

图 6-10　俯卧 I 字

2. 动作名称：俯卧 Y 字（见图 6-11）

动作要点：

（1）俯卧于垫上，双臂伸直外展，与躯干呈 135° 夹角，形成"Y"字；

（2）两侧肩胛骨向内向下收紧，双臂抬起 2~3 厘米，保持 3~5 秒；

（3）回到起始姿势，重复规定次数；

（4）注意保持腹部收紧，拇指向上，肩胛骨收紧后抬起手臂；

（5）激活肩部肌群。

动作功能：通过俯卧 Y 字动作练习，激活肩胛骨周围肌群，提高肩部的稳定性，降低肩部运动损伤风险。

图 6-11　俯卧 Y 字

3. 动作名称：俯卧 T 字（见图 6-12）

动作要点：

（1）俯卧于垫上，双臂伸直外展，与躯干呈 90° 夹角，形成"T"字；

（2）两侧肩胛骨向内向下收紧，双臂抬起 2~3 厘米，保持 3~5 秒；

（3）回到起始姿势，重复规定次数；

（4）注意保持腹部收紧，拇指向上，肩胛骨收紧后抬起手臂；

（5）激活肩部肌群。

动作功能：通过俯卧 T 字动作练习，激活肩胛骨周围肌群，提高肩部的稳定性，降低肩部运动损伤风险。

（a）　　　　　　　　　　　　　（b）

图 6-12　俯卧 T 字

4. 动作名称：俯卧 W 字（见图 6-13）

动作要点：

（1）俯卧于垫上，双臂屈肘呈 90°夹角外展，与躯干形成"W"字；

（2）两侧肩胛骨向内向下收紧，双臂抬起 2~3 厘米，保持 3~5 秒；

（3）回到起始姿势，重复规定次数；

（4）注意保持腹部收紧，拇指向上，肩胛骨收紧后抬起手臂；

（5）激活肩部肌群。

动作功能：通过俯卧 W 字动作练习，激活肩胛骨周围肌群，提高肩部的稳定性，降低肩部运动损伤风险。

（a）　　　　　　　　　　　　　（b）

图 6-13　俯卧 W 字

5. 动作名称：瑞士球 I 字（见图 6-14）

动作要点：

（1）俯卧于瑞士球上，背部平直，腹部撑于球上；

（2）双臂伸直，放于瑞士球两侧；

（3）两侧肩胛骨向内向下收紧，双臂伸直贴近耳侧向前上方抬起，与躯干呈 180°夹角，形成"I"字；

（4）回到起始姿势，重复规定次数；

（5）注意拇指向上，肩胛骨收紧后抬起手臂；

（6）激活肩部肌群。

动作功能：通过瑞士球 I 字动作练习，激活肩胛骨周围肌群，提高肩部的稳定性，降低肩部运动损伤风险。

图 6-14　瑞士球 I 字

6. 动作名称：瑞士球 Y 字（见图 6-15）

动作要点：

（1）俯卧于瑞士球上，背部平直，腹部撑于球上；

（2）双臂伸直，放于瑞士球两侧；

（3）两侧肩胛骨向内向下收紧，双臂伸直外展向前上方抬起，与躯干呈 135° 夹角，形成"Y"字。

（4）回到起始姿势，重复规定次数；

（5）注意拇指向上，肩胛骨收紧后抬起手臂；

（6）激活肩部肌群。

动作功能：通过瑞士球 Y 字动作练习，激活肩胛骨周围肌群，提高肩部的稳定性，降低肩部运动损伤风险。

图 6-15　瑞士球 Y 字

7. 动作名称：瑞士球 T 字（见图 6-16）

动作要点：

（1）俯卧于瑞士球上，背部平直，腹部撑于球上；

（2）双臂伸直，放于瑞士球两侧；

（3）两侧肩胛骨向内向下收紧，双臂伸直外展向两侧上方抬起，与躯干呈90°夹角，形成"T"字；

（4）回到起始姿势，重复规定次数；

（5）注意拇指向上，肩胛骨收紧后抬起手臂；

（6）激活肩部肌群。

动作功能：通过瑞士球T字动作练习，激活肩胛骨周围肌群，提高肩部的稳定性，降低肩部运动损伤风险。

图6-16 瑞士球T字

8.动作名称：瑞士球W字（见图6-17）

图6-17 瑞士球W字

动作要点：

（1）俯卧于瑞士球上，背部平直，腹部撑于球上；

（2）双臂屈肘呈90°夹角外展，放于瑞士球两侧；

（3）两侧肩胛骨向内向下收紧，双臂屈肘向上抬起，与躯干形成"W"字；

（4）回到起始姿势，重复规定次数；

（5）注意拇指向上，肩胛骨收紧后抬起手臂；

(6)可以从"W"字开始,双肘伸直与躯干形成"Y"字;

(7)激活肩部肌群。

动作功能:通过瑞士球 W 字动作练习,激活肩胛骨周围肌群,提高肩部的稳定性,降低肩部运动损伤风险。

9.动作名称:瑞士球俯卧撑(见图 6-18)

动作要点:

(1)双臂伸直,双手撑于瑞士球上,背部平直,腹部收紧;

(2)双腿伸直,双脚分开支撑于地面;

(3)双臂尽可能贴近身体并逐渐屈肘呈 90° 夹角;

(4)慢慢推起身体,回到起始姿势,重复规定次数;

(5)激活肩部肌群。

动作功能:通过瑞士球俯卧撑动作练习,激活肩胛骨周围肌群,提高肩部的稳定性,降低肩部运动损伤风险。

图 6-18 瑞士球俯卧撑

10.动作名称:站姿 I 字(见图 6-19)

动作要点:

(1)基本姿站立,挺胸直背,双臂自然垂于体侧;

(2)两侧肩胛骨向内向下收紧,双臂贴近耳侧伸直向前上方抬起,与躯干呈 180° 夹角,形成"I"字,注意膝盖不要超过脚尖;

(3)回到起始姿势,重复规定次数;

(4)注意拇指向上,肩胛骨收紧后抬起手臂;

(5)激活肩部肌群。

动作功能:通过站姿 I 字动作练习,激活肩胛骨周围肌群,提高肩部的稳定性,降低肩部运动损伤风险。

图 6-19　站姿 I 字

11. 动作名称：站姿 Y 字（见图 6-20）

动作要点：

（1）基本姿站立，挺胸直背，双臂自然垂于体侧；

（2）两侧肩胛骨向内向下收紧，双臂伸直外展向前上方抬起，与躯干呈 135° 夹角，形成"Y"字，注意膝盖不要超过脚尖；

（3）回到起始姿势，重复规定次数；

（4）注意拇指向上，肩胛骨收紧后抬起手臂；

（5）激活肩部肌群。

图 6-20　站姿 Y 字

动作功能：通过站姿 Y 字动作练习，激活肩胛骨周围肌群，提高肩部的稳定性，降低肩部运动损伤风险。

12. 动作名称：站姿 T 字（见图 6-21）

动作要点：

（1）基本姿站立，挺胸直背，双臂自然垂于体侧；

（2）两侧肩胛骨向内向下收紧，双臂伸直外展向两侧上方抬起，与躯干呈 90°夹角，形成"T"字，注意膝盖不要超过脚尖；

（3）回到起始姿势，重复规定次数；

（4）注意拇指向上，肩胛骨收紧后抬起手臂；

（5）激活肩部肌群。

动作功能：通过站姿 T 字动作练习，激活肩胛骨周围肌群，提高肩部的稳定性，降低肩部运动损伤风险。

（a） （b）

图 6-21 站姿 T 字

13. 动作名称：站姿 W 字（见图 6-22）

动作要点：

（1）基本姿站立，挺胸直背，双臂自然垂于体侧；

（2）两侧肩胛骨向内向下收紧，双臂屈肘向上抬起，与躯干形成"W"字，注意膝盖不要超过脚尖；

（3）回到起始姿势，重复规定次数；

（4）注意拇指向上，肩胛骨收紧后抬起手臂；

（5）激活肩部肌群。

动作功能：通过站姿 W 字动作练习，激活肩胛骨周围肌群，提高肩部的稳定性，降低肩部运动损伤风险。

（a） （b）

图 6-22 站姿 W 字

（二）核心稳定性训练方法

人体核心区是近些年体能训练的热点词语，但是国内外相关领域的专家对于该词汇的界定仍存在不少的分歧，国外部分专家将人体核心区定义为：髋关节—骨盆—腰椎及其周围的肌肉[1]。核心稳定性是指人体核心区域的稳定性。在人体运动中，核心稳定性是上下肢运动的支点，只有脊柱—骨盆能够维持相对静止，髋关节肌肉的收缩才能引起腿部的运动；只有胸腰椎维持静止状态，肩部及上肢的动作才能精确。

由于划龙舟需要运动员腰部周期性单侧扭转，这种左右不对称的动作模式随着训练持续时间的延长、强度的增加，极易引起两侧腰背部肌肉力量的不平衡，甚至产生脊柱侧弯，从而导致相关的运动损伤[2]。因此核心稳定性对于提高龙舟运动员的运动表现，减少运动损伤隐患是至关重要的。

由于各脊椎骨大致按照垂直方向依次排列，因此核心稳定性练习涉及较多的卧姿训练，以利用重力作用强化和稳定各脊椎骨的核心肌群。需要注意的是，核心稳定性训练不同于核心力量训练，它主要涉及核心部位的稳定性肌群，例如腹横肌、多裂肌等深层肌肉，它们属于慢肌纤维，是通过缓慢、持久的收缩来长期维持人体躯干姿势。因此核心稳定性训练的整体动作速率较慢，甚至包含较多的静力性练习；而核心力量训练的目的为将核心肌群作为一个运动环节来进行主动收缩能力训练，

---

[1] Samson K M, Sandrey M A, et al. A Core stabilization training program for tennis athletes [J]. Athletic Therapy Today, 2007,12（3）：41-46.
[2] 陈雷, 李庆雯, 徐冬青, 等. 核心肌力康复训练对龙舟运动员慢性非特异性腰痛的影响分析 [J]. 中国体育科技, 2018, 54（1）：99-104.

此训练需要快速且强有力的练习方式。

1. 动作名称：跪撑交替对侧举（见图 6-23）

动作要点：

（1）呈跪撑姿势，双手间距与肩同宽，双臂伸直支撑于肩部正下方，背部平直，腹部收紧；

（2）右臂伸直沿耳边向前抬起的同时，左腿向后抬起伸直至与地面平行；

（3）回到起始姿势，对侧亦然，交替完成规定次数；

（4）注意始终保持躯干稳定；

（5）激活躯干肌群。

动作功能：通过跪撑交替对侧举动作练习，激活腹壁深层肌群，提高脊柱腰段的稳定性，降低脊柱腰段运动损伤风险。

（a）　　　　　　　　　　　（b）

图 6-23　跪撑交替对侧举

2. 动作名称：平板支撑（见图 6-24）

图 6-24　平板支撑

动作要点：

（1）呈俯卧撑姿，双臂伸直支撑于肩部正下方，背部平直，腹部收紧；

（2）双手间距与肩同宽，双脚微分，支撑于地面；

（3）完成动作至规定时间；

（4）注意始终保持躯干稳定；

（5）激活躯干肌群。

动作功能：通过平板支撑动作练习，激活腹壁深层肌群，提高脊柱腰段的稳定性，降低脊柱腰段运动损伤风险。

3.动作名称：平板支撑交替对侧举（见图6-25）

动作要点：

（1）呈俯卧撑姿，双臂伸直支撑于肩部正下方，双脚微分，背部平直，腹部收紧；

（2）右臂伸直沿耳边向前抬起的同时，左腿向后抬起伸直至与地面平行；

（3）完成动作至规定时间，对侧亦然；

（4）注意始终保持躯干稳定；

（5）可一侧保持1~2秒，回到起始姿势后交替进行；

（6）激活躯干肌群。

动作功能：通过平板支撑交替对侧举动作练习，激活腹壁深层肌群，提高脊柱腰段的稳定性，降低脊柱腰段运动损伤风险。

（a）　　　　　　　　　　（b）

图6-25　平板支撑交替对侧举

4.动作名称：俯桥（见图6-26）

动作要点：

（1）呈俯卧姿，双臂屈肘呈90°夹角，支撑于肩部正下方，背部平直，腹部收紧；

（2）双肘间距与肩同宽，双脚微分，支撑于地面；

（3）完成动作至规定时间；

（4）注意始终保持躯干稳定；

（5）激活躯干肌群。

图6-26　俯桥

动作功能：通过俯桥动作练习，激活腹壁深层肌群，提高脊柱腰段的稳定性，降低脊柱腰段运动损伤风险。

5. 动作名称：俯桥－交替对侧举（见图 6-27）

动作要点：

（1）呈俯卧姿，双臂屈肘呈 90°夹角，支撑于肩部正下方，双脚微分，背部平直，腹部收紧；

（2）右臂抬起后伸直至与躯干成一平面的同时，左腿抬起伸直至与地面平行；

（3）完成动作至规定时间，对侧亦然；

（4）注意始终保持躯干稳定；

（5）可一侧保持 1~2 秒，回到起始姿势后交替进行；

（6）激活躯干肌群。

动作功能：通过俯桥－交替对侧举动作练习，激活腹壁深层肌群，提高脊柱腰段的稳定性，降低脊柱腰段运动损伤风险。

(a)   (b)

图 6-27 俯桥－交替对侧举

6. 动作名称：侧桥（见图 6-28）

图 6-28 侧桥

动作要点：

（1）身体呈一条直线侧卧于地板上，右手放于肩部正下方，双脚并拢；

（2）右臂屈肘呈 90°夹角推起躯干，双腿伸直；

（3）完成动作至规定时间，回到起始姿势，对侧亦然；

（4）注意推起躯干时，腹肌收紧；

（5）注意收下颌、伸髋，保持躯干呈一条直线；

（6）注意身体躯干、支撑手臂及双腿保持直线，没有任何弯曲；

（7）激活躯干肌群。

动作功能：通过侧桥动作练习，激活腹壁深层肌群，提高脊柱腰段的稳定性，降低脊柱腰段运动损伤风险。

7. 动作名称：臀肌桥（见图6-29）

动作要点：

（1）仰卧于垫上，双臂自然平放于身体两侧，屈髋屈膝，脚尖勾起；

（2）臀部收紧抬起髋部，直至肩、躯干、髋和膝在一条直线上；

（3）完成动作至规定时间或次数，回到起始姿势；

（4）注意背部不要出现弓形；

（5）激活躯干及髋部肌群。

动作功能：通过臀肌桥动作练习，激活臀部肌肉，提高髋关节的稳定性，降低髋部运动损伤风险。

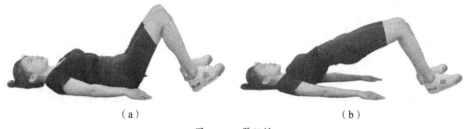

（a）　　　　　　　　　　　　　（b）

图6-29　臀肌桥

8. 动作名称：臀肌桥-军步屈髋式（见图6-30）

动作要点：

（1）仰卧于垫上，双臂自然平放于身体两侧，屈髋屈膝，脚尖勾起；

（2）臀肌收缩抬起髋部，直至肩、躯干、髋和膝在一条直线上；

（3）保持臀肌桥姿势，右腿屈膝抬起；

（4）完成动作至规定时间或次数，回到起始姿势，对侧亦然；

（5）注意抬腿过程中，始终保持身体稳定；

（6）激活躯干及髋部肌群。

动作功能：通过臀肌桥-军步屈髋式动作练习，激活臀部肌肉，提高髋关节的稳定性，降低髋部运动损伤风险。

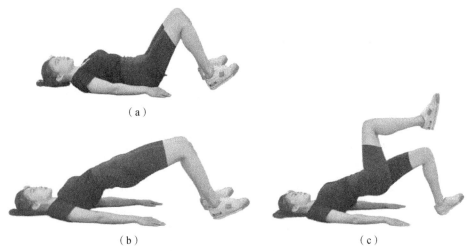

图 6-30 臀肌桥－军步屈髋式

9. 动作名称：臀肌桥－军步伸膝式（见图 6-31）

动作要点：

（1）仰卧于垫上，双臂自然平放于身体两侧，屈髋屈膝，脚尖勾起；

（2）臀肌收缩抬起髋部，直至肩、躯干、髋和膝在一条直线上；

（3）保持臀肌桥姿势，右腿抬起伸直；

（4）完成动作至规定时间或次数，回到起始姿势，对侧亦然；

（5）注意伸腿过程中，始终保持身体稳定；

（6）激活躯干及髋部肌群。

动作功能：通过臀肌桥－军步伸膝式动作练习，激活臀部肌肉，提高髋关节的稳定性，降低髋部运动损伤风险。

图 6-31 臀肌桥－军步伸膝式

10.动作名称：瑞士球－夹球转髋（见图6-32）

动作要点：

（1）仰卧于地板上，瑞士球夹于足跟与腘绳肌之间；

（2）夹球向右转髋至最大幅度，回到起始姿势，对侧亦然，重复规定次数；

（3）注意保持上背部始终紧贴地面；

（4）激活躯干及髋部肌群。

动作功能：通过瑞士球－夹球转髋动作练习，激活臀部肌肉，提高髋关节的稳定性，降低髋部运动损伤风险。

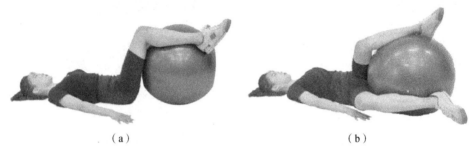

图6-32 瑞士球－夹球转髋

二、柔韧性训练

柔韧性是指与关节连接的肌肉、筋膜、韧带等软组织的活动范围。龙舟插桨时需要划手在坐姿时完成最大幅度的躯干前屈及旋转，从而加大船桨前伸的幅度[①]。良好的躯干灵活性是加大桨幅的前提。

拉伸是提高身体柔韧性的主要方法之一。肌肉、筋膜放松可以使肌肉更为柔软，其目的就是提高拉伸的效果，使得肌肉更容易被拉长。在多年的研究中，拉伸的技术不断发展。弹动式拉伸是较为原始的肌肉拉伸技术，它通过主动肌收缩后的惯性来牵拉拮抗肌，然而效果却是有限的，甚至还具有较高的受伤风险，这是因为肌肉快速地被动拉长会激活肌肉的牵张反射。而后发展到静态拉伸，这种拉伸方式对柔韧性的改善效果更为明显，但是长时间的静态拉伸容易影响肌肉力量与爆发力，因此更适用于运动后的放松[②]。动态拉伸是近些年训练中常用的拉伸方法，相比于静态拉伸，动态拉伸对肌肉力量产生的负影响更小，而且在拉长肌肉的同时，能提高肌

---

① 徐树礼.中国大学生龙舟男子500 m直道途中坐姿划桨技术的运动学分析[J].河北体育学院学报,2012,26(6): 78-81.

② Prentice W E. Arnheim's principles of athletic training: A competency-based approach [M]. New york: Mc Graw-Hill, 2003.

肉温度，降低肌肉的黏滞性，还能促进心肺功能快速进入工作状态，非常适合于运动前的准备活动。

鉴于龙舟的专项运动模式，髋、膝、踝、核心肌群以及肩部肌群都是重点拉伸部位。根据解剖学原理，这些部位又包括屈、伸、内收、外展、旋转肌群。根据目的的不同，拉伸又可以分为运动前的动作准备以及运动后的恢复两大类，因此针对龙舟练习者的拉伸方法应包括两大类：

（一）运动前的动作准备主要采用动态拉伸

1.动作名称：抱膝前进（见图6-33）

动作要点：

（1）双脚开立，左膝抬至胸前，双手抱膝向上提拉；

（2）右脚提踵，收紧支撑腿一侧的臀大肌；

（3）保持背部挺直，拉伸动作持续1~2秒；

（4）左脚前出，换左腿重复上述动作，循环进行直至完成规定次数。

动作功能：拉伸前腿一侧的臀大肌和腘绳肌，以及后腿一侧的髋关节屈肌，同时提高平衡能力。

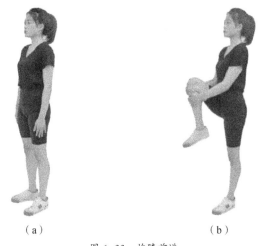

（a）　　　　　　　（b）

图6-33　抱膝前进

2.动作名称：斜抱腿（见图6-34）

动作要领：

（1）双脚开立，抬头挺胸，腹部收紧，左腿前出成前后开立。

（2）重心迁移，提右侧膝至胸前，右手扶膝，左手抬起脚踝，膝关节外展，左脚提踵，左侧臀大肌收紧，动作保持1~2秒；

（3）右脚前出，重复刚才的动作，循环进行，直至完成规定次数；

（4）在拉伸过程中，胸部保持挺直，支撑腿侧臀大肌收紧。

动作功能：拉伸前腿髋关节外侧肌群和后腿髋关节屈肌。

图6-34 斜抱腿

3. 动作名称：后交叉弓步（见图6-35）

动作要领：

（1）双脚开立，抬头挺胸，腹部收紧，背部挺直，双臂前举；

（2）右脚左前出，与左腿交叉，形成45°夹角，缓慢蹲下，至左腿外侧有强烈牵拉感，保持1~2秒；

（3）恢复起始站姿，左脚重复动作，循环进行，直至完成规定次数；

（4）拉伸过程中，胸部挺直，重心在前脚脚跟，下蹲时前侧腿膝关节不可超过脚尖。

动作功能：拉伸大腿外侧阔筋膜张肌、臀大肌、髂胫束等肌群。

图6-35 后交叉弓步

4.动作名称：脚后跟抵臀（见图6-36）

动作要点：

（1）双脚开立，抬头挺胸，腹部收紧，背部挺直；

（2）右腿微屈，左手抓左脚背至脚跟触臀，手部用力，将左脚踝缓慢向上拉伸，同时举起右臂，拉伸持续1~2秒；

（3）换对侧重复，直至完成规定次数；

（4）拉伸过程中，膝盖指向地面，臀大肌收紧，下腰背不可过度伸展。

动作功能：拉伸大腿股四头肌等肌群。

图6-36　脚后跟抵臀

5.动作名称：侧弓步移动（见图6-37）

动作要点：

（1）双脚开立，腹部收紧，挺胸抬头，目视前方；

（2）右脚向右出成弓步，身体重心移至左腿；

（3）双脚脚尖朝前，全脚掌贴地，同时双臂前平举，与肩同高，掌心朝下；

（4）身体下蹲，左膝盖不超过脚尖，保持右腿伸直，拉伸动作持续1~2秒；

（5）恢复初始动作，换至对侧，循环进行直至完成规定次数。

动作功能：拉伸大腿内侧肌群和腹股沟，加强四肢的稳定性，改善平衡，并使双腿更对称。

（a）　　　　　　（b）

图6-37　侧弓步移动

6. 动作名称：反向腘绳肌拉伸（见图 6-38）

动作要点：

（1）身体直立，腹部收紧，背部挺直，目视前方；

（2）右脚前出，俯身并向后抬起左腿，左侧臀部收紧，尽量保持头部、臀部与右脚脚踝呈一条直线；同时双臂侧平举，与身体呈 90° 夹角，双手握拳，大拇指伸直始终朝上，整个拉伸动作持续 1~2 秒；

（3）恢复初始动作，换至对侧，循环进行直至完成规定次数。

动作功能：拉伸腘绳肌

7. 动作名称：后向弓步 + 转体（见图 6-39）

动作要点：

（1）双脚开立，左脚前出成弓步，前脚掌撑地，左腿大腿与地面平行，右腿屈膝至 90°；

（2）胸部挺直，左臂前平举，掌心向右，右手扶膝；

（a）

（b）

图 6-38 反向腘绳肌拉伸

（3）躯干慢慢向左侧旋转至最大幅度，同时左臂随躯干向身体后方外展，目视左手，拉伸动作持续 1~2 秒；

（4）恢复初始动作，换至对侧，循环进行直至完成规定次数。

动作功能：拉伸髋关节屈肌、臀大肌及腹内斜肌、腹外斜肌。

（a）　　　　（b）　　　　（c）

图 6-39 后向弓步 + 转体

8. 动作名称：相扑式深蹲（见图6-40）

动作要点：

（1）将重物抱在胸前位置（为显示手形，图中未显示所持重物），双臂靠近身体，双肘紧缩；两脚开立，保持略大于肩宽的距离，脚尖略指向外侧；保持背部挺直，腹肌收紧。这是动作的起始位置。

（2）向后推髋，慢慢弯曲双膝，降低双腿，直到大腿低至与地面平行的位置；下蹲过程中吸气，并保持背部挺直。

（3）在底部稍停留，脚后跟发力下压，向前推髋，回到起始姿势；站起过程中呼气。

（4）以上是一次完整动作，重复动作直至规定次数。

动作功能：除锻炼部分大腿内、外、后侧肌肉外，主要锻炼臀大肌。

图6-40 相扑式深蹲

9. 动作名称：四肢爬行（见图6-41）

动作要点：

（1）双脚开立，上体前屈，双手撑地，双腿伸直；

（2）双手向身体前方爬行，同时保持双腿伸直状态，始终感觉大腿后侧肌肉有较强的牵拉感，双手爬至头的前方，直至即将无法支撑住身体；

（3）保持双腿伸直，双脚走向双手，当感到牵拉时，双手向前走，完成规定的次数；

（4）注意保持膝盖伸直，腹部收紧，肩与躯干在发力，用手走时距离要超过头顶，以增加难度。

动作功能：拉伸大腿腘绳肌与小腿腓肠肌等肌群。

图 6-41 四肢爬行

10. 动作名称：最大拉伸（见图 6-42）

动作要点：

（1）双脚开立，两脚间距比肩宽稍窄，背部挺直，腹部收紧，双臂自然垂于身体两侧，左脚抬高至大腿与地面平行，向前跨步成弓步，感觉右侧臀部收紧；

（2）俯身，右手支撑于地面，左肘触碰左脚的内侧，拉伸动作保持 1~2 秒；

（3）左臂外展，躯干左转，眼睛看左手指尖方向，两臂呈一直线，拉伸动作保持 1~2 秒；

（4）双手撑地，左腿从屈膝状态伸直，脚跟支撑，脚尖勾起，拉伸动作保持 1~2 秒；

（5）回到起始姿势，换至对侧，重复以上步骤，完成规定次数；

（6）始终保持后腿膝关节伸直，拉伸时前腿处于伸直状态，并注意收紧臀大肌。

动作功能：拉伸腹股沟、屈髋肌、腘绳肌、腓肠肌、臀大肌等肌群。

图 6-42 最大拉伸

（二）运动后的恢复主要采用静态拉伸

1. 动作名称：斜方肌上束静态拉伸（见图 6-43）

动作要点：（以左侧为例讲解）

（1）身体坐瑜伽球，上体呈立正姿势，低头看向左斜下方最大幅度；

（2）左手护住头部慢慢向左斜下方用力下拉，充分拉伸斜方肌，保持 10~30 秒；

（3）放松，换另外一侧斜方肌再进行拉伸。

动作功能：牵拉斜方肌。

图 6-43　斜方肌上束静态拉伸

2. 动作名称：胸大肌静态拉伸（见图 6-44）

动作要点：

（1）左脚前出，重心前移，挺胸抬头，左臂自然垂于体侧，右臂抬起，肘关节屈曲，前臂抵住牵拉架或其他辅助工具；

（2）保持双臂伸直的同时，逐渐下蹲，直至肱二头肌有中等程度的牵拉感；

（3）保持姿势至规定时间，对侧亦然。

动作功能：牵拉胸大肌。

3. 动作名称：肱二头肌静态拉伸（见图 6-45）

动作要点：

（1）双脚开立，挺胸抬头，双臂向身体后方抬起，掌心向内，抓住牵拉架；

图 6-44　胸大肌静态拉伸

（2）保持双臂伸直的同时，逐渐下蹲，直至肱二头肌有中等程度的牵拉感；

（3）保持姿势至规定时间，对侧亦然。

动作功能：牵拉肱二头肌。

4. 动作名称：肱三头肌静态拉伸（见图 6-46）

动作要点：

（1）双脚开立，挺胸抬头，右臂屈肘，抬至肘部靠近右耳，右手靠近右肩胛骨；

（2）左手抓住右臂肘部，向头后方向拉，直至右侧肱三头肌有中等程度的牵拉感；

图 6-45　肱二头肌静态拉伸

（3）保持姿势至规定时间，对侧亦然。

动作功能：牵拉肱三头肌。

5. 动作名称：背阔肌静态拉伸（见图6-47）

动作要点：

（1）右脚左前出，左臂上举；

（2）右手扶右膝，髋关节左顶，上体右屈，直至两侧背阔肌有中等程度的牵拉感；

（3）保持姿势至规定时间，对侧亦然。

动作功能：牵拉背阔肌。

6. 动作名称：背伸肌群静态拉伸（见图6-48）

动作要点：

（1）呈坐姿，双腿微微屈膝分开，俯身向前趴下，双手自然放在身体前方的地面上；

（2）双手逐渐向前伸，直至背伸肌群有中等程度的牵拉感；

（3）保持姿势至规定时间。

动作功能：牵拉背伸肌群。

7. 动作名称：股四头肌静态拉伸（见图6-49）

动作要点：

（1）右侧卧，右臂上举，左手向后抓住左脚脚踝；

（2）左手尽可能将左脚脚踝拉向臀部，直至左侧股四头肌有中等程度的牵拉感；

（3）保持姿势至规定时间，对侧亦然。

动作功能：牵拉股四头肌。

图6-46　肱三头肌静态拉伸

图6-47　背阔肌静态拉伸

图6-48　背伸肌群静态拉伸

图6-49　股四头肌静态拉伸

8. 动作名称：腘绳肌静态拉伸（见图 6-50）

动作要点：

（1）前后开立，双手叉腰，背部平直，腹肌收紧；

（2）左腿伸直，左踝背屈，脚跟着地，逐渐屈右膝、屈髋向后坐，直至左腿腘绳肌有中等程度的牵拉感；

（3）保持姿势至规定时间，对侧亦然。

动作功能：牵拉腘绳肌。

9. 动作名称：小腿三头肌静态拉伸（图略）

动作要点：（以左侧为例讲解）

图 6-50　腘绳肌静态拉伸

（1）右脚向前一大步，成右弓步站好；

（2）两手叉腰身体慢慢向前，充分拉伸小腿三头肌，保持 10~30 秒；

（3）放松，换一条腿再进行拉伸。

动作功能：牵拉浅层的腓肠肌和深层的比目鱼肌。

三、耐力训练

针对龙舟练习者的一般耐力训练方法包括有氧耐力训练方法和无氧耐力训练方法，共计 8 种。

（一）有氧耐力训练方法

虽然纯有氧供能在龙舟运动中的比例不高，但它却在三大功能系统中占基础地位。进行有氧耐力训练不仅能够提高人体能量系统的供能水平，还能很好地控制练习者的身体成分，帮助练习者在大强度训练后加速清除代谢废物。但是对于业余练习者而言，固定的耐力训练枯燥且痛苦，很容易影响训练的积极性。法特莱克跑是斯堪的纳维亚人发明的一种利用地形、地貌或人为设置的加速与减速段落来发展人的耐力的方法。跑的时间不超过 30 分钟。例如：持续慢跑 2~3 分钟，中速跑 100 米，接着持续跑 2~3 分钟，遇见上坡用中高速冲刺 50 米，上坡后快速跑 200 米，遇见下坡时放松快跑 200 米，依次往复直至结束。强度的持续变换对心肺供能有着良好的锻炼作用，并通过外界环境的不断变化有效地延缓疲劳的产生。越野跑一般在集训驻地的街区进行，效果接近于法特莱克跑。

训练负荷心率建议：

（1）越野跑：心率 150 次／分；

（2）定距有氧耐力跑：心率 130 次／分；

（3）长距离划龙舟：心率150次/分；

（4）长距离划测功仪。

（二）无氧耐力训练方法

龙舟运动是一项对无氧耐力要求较高的运动项目，因此在训练阶段无氧耐力应作为主要强化的内容之一。传统的无氧耐力训练大多依靠跑动使练习者的血乳酸达到较高水平，然而这并不适用于龙舟运动训练。因为划船为全身运动，而并非下肢运动，因此单纯的跑动耐力练习很难模拟划船的真实疲劳情况。因此，针对这种情况，龙舟练习者无氧耐力训练中加入了10项耐力循环训练、50米轮胎翻滚练习、1分钟快速摆大绳练习等力量耐力训练方法。其中耐力循环训练主要为克服自身体重的重复性快速力量练习，比较接近划船的负荷特征。

训练负荷心率建议：

（1）100米间歇划：心率160次/分；

（2）200米间歇跑：心率160次/分；

（3）变速划：心率160~170次/分；

（4）无氧耐力循环训练：心率150~180次/分。

练习要求：能量循环训练是在训练场布置若干站点，每个站点设计不同的练习手段，所有站点的训练者同时开始同时结束，然后按照顺时针或者逆时针的方向轮换。例如，针对龙舟练习者的能量循环训练可以包括10种与专项动作特征接近的练习，每项练习持续30秒，换项间歇10秒，每组共循环两轮，组间间歇3分钟，使练习者在体能没有完全恢复的状态下开始下一组练习，逐渐加强对机体的刺激，具体项目包括：连续翻轮胎、连续卧拉、立卧撑、站姿胸前快推、迷你带抗阻转髋、俯卧撑迷你带抗阻肩外展、蹬高交换跳、站姿弹力带上拉、左右弓箭步、杠铃体绕环。

四、力量训练

力量素质是其他多项素质的基础，亦是龙舟体能训练中最重要的部分之一。根据人体结构和龙舟专项力量特征，龙舟运动力量训练分为上肢、下肢、核心以及全身力量整合四个部分。

（一）上肢力量训练方法

上肢力量是指根据人体上肢结构，上肢主要能够完成推、拉、内收、外展以及旋转等动作。在完成这些动作时，肩胛骨始终起到提供稳定支点以及增大上肢活动范围的作用，因此上一阶段关节灵活性与稳定性训练的效果将直接影响这一阶段训练的起始状态。在针对上肢进行力量训练时，应符合体能训练的特点，即多角度、多平面以及多环节参与，例如在发展上肢推的力量时，既要进行水平推（如卧推），也要进行斜上推（如杠铃斜上推），还要进行上推。肌肉工作时包括近固定与远固定两种形式，近固定是指肌肉远心端向近心端收缩的形式，远固定是指肌肉近心端向远心端收缩的形式，这两种肌肉收缩模式的力学特征存在着一定差异。因此训练时既要进行卧推（近固定），也要进行俯卧撑（远固定）。体能训练讲究拮抗肌训练的平衡性，因此上肢力量训练的推与拉、内收与外展、内旋与外旋的训练量基本保持1∶1的比例。

1. 动作名称：宽距俯卧撑（见图6-51）

动作要点：

（1）面朝下，身体呈俯撑姿势，双手双脚撑地，双手间距约为肩宽的两倍，手臂伸直，双脚脚尖着地，身体从头到脚踝呈一条直线；

（2）保持身体挺直，慢慢屈肘，使身体下沉，同时吸气，直至胸部几乎接触地面，上臂与躯干夹角约为45°；

（3）快速伸直手臂，推起身体，将身体撑回起始姿势，同时呼气，在顶端稍事停留，再进行下一次动作。

动作功能：俯卧撑主要发展胸大肌、三角肌前束和肱三头肌，而宽距俯卧撑则更加注重发展胸大肌的整体肌肉群，三角肌前束和肱三头肌的发展次之。

（a）　　　　　　　　　　（b）

图6-51　宽距俯卧撑

2. 动作名称：窄距俯卧撑（见图6-52）

动作要点：

（1）面朝下，身体俯撑在地，身体挺直，腹部收紧，双脚脚尖着地，手指向前自然分开，拇指外展45°，手臂伸直支撑身体；

（2）保持身体挺直，慢慢屈肘使身体下沉，同时吸气，直至胸部几乎接近地面；

（3）快速伸直手臂，推起身体，将身体撑回起始姿势，同时呼气，在顶端稍事停留，再进行下一次动作。

动作功能：窄距俯卧撑更加注重发展肱三头肌，辅助发展身体的三角肌前束以及胸肌中缝。

图 6-52　窄距俯卧撑

3. 动作名称：俯冲式俯卧撑（见图 6-53）

动作要点：

（1）面朝下，身体呈俯撑姿势，双手双脚撑地，双手打开与肩同宽，双脚打开与臀部同宽，身体挺直，腹部收紧；然后屈髋屈肩将臀部推到尽可能高的位置，保持背部挺直，手臂和腿部挺直，身体呈倒"V"形，同时脚前掌用力撑地。

（2）保持身体姿势不变，屈肘降低身体，同时伸髋伸肩，使臀部下降，让身体从头到踝呈现一条直线。

（3）双手用力将身体向上推起至手臂挺直，身体保持竖直状态不变，然后重复下一次动作。

动作功能：俯冲式俯卧撑能够锻炼全身多部位肌肉群，包括肩部肌群、肱三头肌、胸肌、斜方肌以及腹部肌肉群。

图 6-53　俯冲式俯卧撑

4. 动作名称：马步冲拳（见图6-54）

动作要点：

（1）双手握拳于腰际，挺身站立，双脚呈60°，眼睛注视正前方。

（2）左脚向左侧横移一大步，两脚间距比肩宽一脚左右，两腿屈膝半蹲，大腿接近与地面平行，腹部收紧，上身保持直立，重心落于两腿之间，同时腰间手冲右拳。

（3）然后再将右拳收回腰间，同时冲左拳，依次重复冲拳。

动作功能：对于上肢力量来说，主要锻炼肱三头肌，同时对于下肢力量中的股四头肌、腘绳肌的发展也有帮助。

图6-54 马步冲拳

5. 动作名称：引体向上（见图6-55）

动作要点：

（1）双手正握把手，握距约为肩宽的1.5倍，手臂伸直，身体自然下垂，尽量让身躯挺直，下背弯曲，挺胸。

（2）保持身体和下肢不动，肩胛骨下回旋，拉动肩膀和上臂，屈肘将胸部拉向把手，让身体向上，直至杠杆碰到上胸；移动时上躯保持固定，腹部收紧，只有手臂在运动。

（3）在收紧状态1秒后，缓慢降下躯体还原至起始状态，让手臂完全伸直，背阔肌完全伸展；然后重复下一次动作。

动作功能：引体向上主要发展背阔肌、大圆肌、菱形肌、斜方肌下束、肱二头肌和肱桡肌等。

（a） （b）

图6-55 引体向上

6. 动作名称：宽握引体向上（见图 6-56）

动作要点：

（1）双手正握把手，握距约为肩宽的 2 倍，身体自然下垂，尽量让身躯挺直，下背弯曲，挺胸。

（2）保持身体和下肢不动，肩胛骨下回旋，拉动肩膀和上臂，屈肘将胸部拉向把手，让身体向上，直至杠杆碰到上胸；移动时上躯保持固定，腹部收紧，只有手臂在运动。

（3）在收紧状态 1 秒后，缓慢降下躯体还原至起始状态，让手臂完全伸直，背阔肌完全伸展；然后重复下一次动作。

动作功能：主要发展背阔肌上侧、外侧两部分，有效增加背阔肌的宽度。

（a）　　　　　（b）

图 6-56　宽握引体向上

7. 动作名称：杠铃卧拉（见图 6-57）

动作要点：

（1）俯身在卧推凳上，头部、胸部和腹部紧贴凳面，双脚自然伸直；调整身体的前后位置，使双臂自然垂于卧推架下方。

（2）握距比肩稍宽，握住杠铃，双臂屈肘慢速硬拉杠铃，卧拉于胸部上方，直到上臂与地面平行为止。

（3）然后双臂放置杠铃回到起始姿势；重复下一次动作。

动作功能：强化背部力量。

图 6-57 杠铃卧拉

8.动作名称：杠铃卧推（见图 6-58）

动作要点：

（1）平躺在卧推凳上，肩部、背部和头部紧贴凳面，双脚自然放在地上，全脚掌着地；调整身体的前后位置，使眼睛位于卧推架上杠铃的正下方。

（2）握距比肩稍宽，取下杠铃，双臂屈肘慢速下放杠铃，置于胸部上方，直到上臂与地面平行为止。

（3）然后双臂快速用力推起杠铃回到起始姿势；重复下一次动作。

动作功能：主要发展胸大肌、肱三头肌和三角肌前束等。

图 6-58 杠铃卧推

（二）下肢力量训练方法

与上肢相对应，下肢亦可以完成推、拉、内收、外展、内旋及外旋动作。下肢的蹲是人体的基本动作模式之一，在对下肢进行训练时应注意对多种蹲的动作模式进行强化，主要包括单腿蹲、双腿蹲、弓步蹲、相扑式深蹲。龙舟运动员划桨时由脚蹬船开始发力，通过身体各部位的力量传导，最后由躯干带动上肢完成拉桨动作[①]。

---

① 田振华，吴晓峰，李云勇，等.我国高校龙舟优秀运动员体能特征及其评价模型的研究［J］.北京体育大学学报，2008（10）：1437-1440.

上肢后拉与下肢蹬伸发力贯穿于整个划桨过程，因此下肢力量的提高对于增强龙舟运动员的划桨效果至关重要。

1. 动作名称：深蹲（见图6-59）

动作要点：

（1）将壶铃置于地面，双脚分开比肩稍宽，双脚脚尖略向外打开；双手紧握壶铃，维持于胸前，注意壶铃高度不应超过肩膀；屈髋屈膝下蹲，直至大腿与地面平行，同时深吸一口气。

（2）呼气，提臀收腹，身体稍向前倾，然后双脚用力蹬地，双膝伸直快速站起，回到站立姿势，肩的上部、背部向后用力，提起壶铃；重复下一次动作。

动作功能：主要发展股四头肌、臀大肌和腘绳肌等。

图6-59 深蹲

2. 动作名称：相扑式深蹲（见图6-60）

动作要点：

（1）将壶铃置于地面，双脚分开约2倍肩宽，两脚脚尖外展约呈90°夹角；拿起壶铃并双手握紧置于胸前，壶铃高度不得超过肩膀高度，腹部收紧；屈髋屈膝下蹲，直至大腿与地面平行，膝盖要和脚尖方向一致。

（2）上半身尽可能挺直，下蹲时臀部稍微向后坐。

（3）双腿蹬地缓慢站起，臀部收紧，稍微向前顶髋，肩的上部、背部向后用力，提起壶铃。

（4）还原至图6-60（a），然后缓慢放下。

动作功能：主要发展股四头肌、臀大肌和腘绳肌和内收肌群等。

（a）　　　　　　（b）

图6-60 相扑式深蹲

3. 动作名称：侧向弓步蹲（见图 6-61）

动作要点：

（1）将壶铃置于地面，保持挺胸直背，腹部紧收；双手紧握壶铃置于胸前，壶铃高度不得超过肩膀高度；一条腿伸直，另一条腿向外跨一大步；屈髋屈膝下蹲，直至大腿与地面平行。

（2）弯曲腿发力蹬地快速站起，回到起始姿势。

（3）换另一条腿，重复下一次动作。

动作功能：主要发展股四头肌、臀大肌、腘绳肌和内收肌群等。

图 6-61　侧向弓步蹲

4. 动作名称：前后分腿蹲（见图 6-62）

动作要点：

（1）将壶铃置于地面，保持躯干正直，挺胸直背；双手紧握壶铃维持于胸前，壶铃高度不得超过肩膀高度；双腿前后站立，身体重心保持在前脚。

（2）屈膝，身体下降成低分腿蹲姿势，后腿膝盖几乎贴地（距离地面约一拳高度），双膝约呈 90° 夹角。

（3）前腿蹬伸站起，回到起始站立姿势；换至对侧腿，重复下一次动作。

图 6-62　前后分腿蹲

动作功能：主要发展股四头肌、臀大肌和腘绳肌等。

5. 动作名称：保加利亚蹲（见图 6-63）

动作要点：

（1）将壶铃置于地面，双腿前后站立，然后前腿单脚站立，后腿脚面置于箱子边沿，双手握紧壶铃置于胸前；

（2）前腿屈膝下蹲，直至大腿与地面平行，膝盖不超过脚尖；

（3）挺胸直背，脚后跟发力站起；换至另一侧腿，重复下一次动作。

动作功能：主要发展股四头肌、臀大肌和腘绳肌等。

图 6-63 保加利亚蹲

6. 动作名称：仰卧双腿顶髋（见图 6-64）

动作要点：

（1）仰卧躺在地面上，双手持药球置于腹部，全脚掌置于地面；保持胸背挺直，腹部收紧。

（2）髋部向上方顶起，保持 10~30 秒。

动作功能：主要发展臀部肌群、髋关节周围肌群以及核心力量。

图 6-64 仰卧双腿顶髋

7. 动作名称：马步横移（见图 6-65）

动作要点：

（1）将壶铃置于地面，双脚分开约 2 倍肩宽，两脚脚尖略朝外侧，约呈 90°夹角；拿起壶铃并双手握紧置于胸前，壶铃高度不得超过肩膀高度，腹部收紧；屈髋屈膝下蹲，直至大腿与地面平行，膝盖要和脚尖方向一致。

（2）上半身尽可能挺直，下蹲时臀部稍微向后坐。

（3）上半身保持不动，左脚向左侧移动。

动作功能：主要练习全身肌肉的协同性力量，包括上肢、下肢、躯干各部位的协同性力量。

图 6-65 马步横移

8.动作名称：负重提踵（见图 6-66）

动作要点：

（1）自然站立，双手提壶铃于体侧，脚后跟轻轻抬起，同时呼气。

（2）然后缓慢下落，同时吸气。

（3）左右脚交替完成动作。

动作功能：主要锻炼小腿三头肌（腓肠肌、比目鱼肌）等。

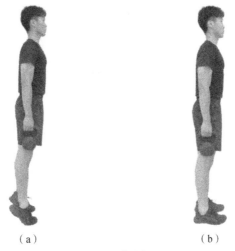

图 6-66 负重提踵

（三）核心力量训练方法

核心部位的稳定性在人体运动中具有重要作用，核心力量训练也是人体整体运动中的重要环节。根据人体运动链的功能，人体运动链可以划分为前侧屈曲链、侧向屈曲链、后侧伸展链以及旋转链，无论在哪一个运动链之中，核心部位是发力各环节的枢纽。核心部位的运动肌主要包括腹直肌、腹横肌、腹斜肌、竖脊肌，它们的收缩能帮助躯干完成屈、伸、侧屈、旋转运动。在这些动作训练中，应注意近固定与远固定相结合、向心收缩与离心收缩相结合。因为在剧烈对抗时，核心肌群强有力的离心收缩，是保护脊柱的关键。在核心力量训练中亦可增加不稳定支撑面以及阻力臂的长度，这不仅能够增加训练难度，而且还能更接近水中的力学环境。因为在核心动力肌群收缩的同时，稳定肌群也在高负荷工作中，因此同时训练核心力量与核心稳定性具备良好的效果。

1. 动作名称：仰卧起坐（见图 6-67）

动作要点：

（1）仰卧平躺在地面上，双腿屈膝，大小腿折叠，夹角约为 90°，后背紧贴地面；

（2）双手半握拳置于耳朵两侧（双手不要抱头）；

（3）起身时腹部紧收发力，让头部和背部慢慢离开地面，上半身向膝盖方向靠拢，然后再慢慢恢复平躺姿势；重复下一次动作。

动作功能：主要发展腹直肌、腹内斜肌、腹外斜肌等。

（a）　　　　　　　　　　（b）

图 6-67　仰卧起坐

2. 动作名称：仰卧举腿（见图 6-68）

动作要点：

（1）仰卧平躺在地面上，后背紧贴地面，双手置于臀部下面以做支撑，双脚向前伸直；

（2）始终保持双腿挺直，膝盖尽量不要弯曲，腹部紧收发力将双腿尽可能地向上抬高，直至身体和大腿呈 90° 夹角时达到最高点，停顿 1 秒左右；

（3）控制双腿缓慢下落，回到起始姿势，然后重复下一次动作。

动作功能：主要发展髋屈肌、腹直肌、腹内斜肌、腹外斜肌、髂腰肌等。

图 6-68 仰卧举腿

3.动作名称：仰卧两头起（见图 6-69）

动作要点：

（1）仰卧平躺在地面上，双腿并拢伸直，双手向头的后方伸直。

（2）弯曲腰部，将腿和手臂同时抬起，同时呼气；抬起过程中，双腿要伸直并抬起至与地面呈 30°~45° 角，上身要离开地面，直至手臂触碰到小腿。

（3）然后缓慢将手臂和双腿放回地面，同时吸气；再重复下一次动作。

动作功能：主要发展腹直肌、股直肌、腹内斜肌、腹外斜肌、髂腰肌等。

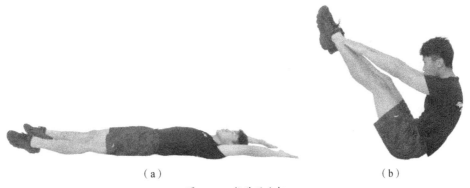

图 6-69 仰卧两头起

4.动作名称：仰卧肘膝交替触碰（见图 6-70）

动作要点：

（1）仰卧平躺在地面上，双腿屈膝，大小腿折叠，夹角约为 90°，后背紧贴地面，双手半握拳置于耳朵两侧（双手不要抱头）；

（2）保持下背部贴地，抬起一侧的肩膀和对侧的腿，用该侧的肘部去碰对侧的膝盖，同时呼气并收缩腹部；

（3）在顶端稍事停留，然后回到起始姿势，换另一侧重复一次动作。

动作功能：主要发展腹直肌、腹内斜肌、腹外斜肌、髂腰肌等。

图 6-70　仰卧肘膝交替触碰

5. 动作名称：负重俄罗斯转体（见图 6-71）

动作要点：

（1）双腿伸直，上身挺立坐在地板或健身垫上；双臂微曲，双手抓住铁饼放于腹肌前方。

（2）双膝微曲，双腿缓缓抬离地面（提示：可以慢慢地移动上身以使身体平衡）。

（3）转动腹部肌肉，将铁饼移向身体左侧，并让铁饼触碰地面，同时注意呼气。

（4）吸气并转动腹肌到起始位置，然后重复以上动作，将铁饼移向身体右侧（提示：在转动过程中注意控制速度，剧烈转动会伤及背部）。

动作功能：主要发展腹直肌、腹内斜肌、腹外斜肌等。

图 6-71　负重俄罗斯转体

6. 动作名称：卷腹（见图 6-72）

动作要点：

（1）仰卧平躺在地面上，双腿屈膝，双手自然平放于地面。

（2）腹部发力弯曲躯干，使背部弯折，同时呼气，但不要让整个背部离开地面，只需要向前蜷缩，让胸腔靠近骨盆就足够了；在动作的最高处，紧缩腹肌，保持动作约1秒钟。这个动作并不是抬得越高越好，做的幅度不同影响到的部位也是不同的。

（3）放松身体，缓慢地下放躯干和双肩，直到上背部接触到地面，同时吸气。

动作功能：主要发展腹直肌、腹内斜肌、腹外斜肌等。

图6-72 卷腹

7.动作名称：悬垂举腿（见图6-73）

动作要点：

（1）手臂伸直将自己悬挂在单杠上，使用宽握或中间握的方式，双腿伸直下垂，骨盆轻微向后；

（2）抬起腿直到身体和腿呈90°角，呼气并坚持该动作1秒左右；

（3）缓慢将双腿下放回到竖直状态，然后重复下一次动作。

动作功能：主要发展腹直肌、腹内斜肌、腹外斜肌、髂腰肌等。

图6-73 悬垂举腿

（四）全身力量训练方法

在龙舟运动中，很少有仅仅依靠上肢或下肢完成的动作，无论动作幅度是大是小，上下肢在全身运动中皆起到一定的作用。如果仅仅对局部进行训练，则往往会出现整体小于局部之和的现象。人体的运动是复杂的，在自上而下或者自下而上的力量传导过程中，肌肉发力的时序与力量传导的时序并不一定是一致的，而且发力习惯也有着较大的个体差异。之前三部分的分解力量训练的目的为强化局部，尤其是对身体力量薄弱环节进行强化，但最终目的为整合全身力量。全身力量训练应注意以下四点：首先，在每次力量训练课中都应安排1~2次的全身力量训练，使得练习者能够熟悉正确的全身发力顺序与比例，肌肉在多次的重复中形成正确的肌肉记忆，到比赛时才能达到运用自如的地步；其次，本阶段的训练应更加注重动作质量，尤其是在训练初期，宁可减小重量负荷也要先培养练习者正确的全身发力模式，特别注意纠正某一局部（尤其是末端环节）过度用力的现象，这不仅会导致能量传递不顺畅，影响功率的输出，而且还是运动损伤的常见原因；再次，教练员应选择训练开始阶段或者练习者精力较为旺盛时进行全身力量练习，因为身体任何大小肌肉群的疲劳都会严重影响动作质量；最后，应密切关注练习者的躯干姿势，建议在全身训练之前优先激活核心肌群。

1. 动作名称：药球下劈（见图6-74）

动作要点：

（1）站立姿势，双脚与肩同宽，膝盖微屈，双手扶住一个药球；

（2）双手伸展，将药球举高，眼睛直视前方，同时吸气（此时脚跟可以跷起）；

（3）略微向前弯腰，接着利用核心的力量尽可能用力地将药球砸向地面，此时腹部收缩的同时呼气；

（4）当球从地面上弹起后，双手抓住，然后将球举高回到起始姿势。

动作功能：主要发展竖脊肌、背阔肌、臀大肌、腹直肌、髂腰肌等。

2. 动作名称：药球旋转下劈（见图6-75）

动作要点：

（1）站立姿势，双脚与肩同宽，膝盖微屈，双手扶住一个药球；

（2）双手伸展，将药球举高，眼睛直视前方，同时吸气（此时脚跟可以跷起）；

（3）略微向前弯腰，接着利用核心的力量尽可能用力地将药球砸向地面，此时腹部收缩的同时呼气，身体呈深蹲姿势。

动作功能：主要发展竖脊肌、背阔肌、臀大肌、腹直肌、髂腰肌等。

（a） （b）

图6-74 药球下劈

图 6-75 药球旋转下劈

3. 动作名称：药球前抛（见图 6-76）

动作要点：

（1）双脚开立略宽于肩，膝关节朝向脚尖，上身挺直腰背，向前俯身，屈膝屈髋，臀部向后，双手扶住药球置于胯下；

（2）尽可能保持核心稳定，蹬地起身，同时肩部发力，双手扶药球迅速向前上方抛出。

动作功能：主要发展上下肢联动能力。

图 6-76 药球前抛

4.动作名称：药球后抛（见图6-77）

动作要点：

（1）双手扶住一个药球，身体半蹲，双脚间距比肩略宽；上身前倾，臀部向后，背部挺直，将药球置于胯下。

（2）向前伸展臀部，双腿蹬地伸直，迅速使身体向上站起，将药球从身前通过头顶向后尽可能远地抛出。

动作功能：主要发展上下肢力量联动能力和向心运动能力。

图6-77　药球后抛

5.动作名称：药球旋转前抛（见图6-78）

动作要点：

（1）双手扶住一个药球，身体半蹲，双脚间距比肩略宽；上身前倾，臀部向后，背部挺直，将药球置于左胯旁。

（2）向前伸展臀部，双腿蹬地伸直，迅速使身体向上站起，同时肩部发力，双手扶药球迅速向前上方外旋抛出。

动作功能：主要发展上下肢联动能力。

图6-78　药球旋转前抛

6. 动作名称：药球蹬伸前推（见图6-79）

动作要点：

（1）双手扶住一个药球，身体半蹲，双脚间距比肩略宽；上身前倾，臀部向后，背部挺直，将药球置于胸前。

（2）向前伸展臀部，双腿蹬地伸直，迅速使身体向上站起，同时肩部发力，双手扶药球迅速向前方推出。

动作功能：主要发展上下肢联动能力。

（a）　　　　　　　　　　（b）

图6-79　药球蹬伸前推

7. 动作名称：杠铃高翻（见图6-80）

动作要点：

（1）双脚平行开立，间距比髋稍宽，呈下蹲姿势，双手正握杠铃（图中以杠铃杆替代），握距微比肩宽，置杠铃于小腿胫骨前。

（2）匀速站起，竖直拉起杠铃；快速伸髋站起，同时快速耸肩，屈肘抬起前臂提拉杠铃；充分伸髋后再使用上肢提拉杠铃。

（3）当肘部抬至最高且身体完全伸展时，翻肘翻腕绕杠铃旋转后身体下蹲约1/4蹲位至杠铃下方。

（4）提拉过程保持肘高于手，杠铃贴近身体。

（5）手握杠铃将肘向前送出，将杠铃置于三角肌前部，挺胸抬头，臀部向后呈半蹲位，全脚掌着地。

（6）身体保持稳定后站直，贴近大腿放下杠铃；重复下一次动作。

动作功能：提高动力链能量传递效率，提升全面爆发力，主要发展臀大肌、股四头肌、腘绳肌、内收肌、腓肠肌、比目鱼肌和斜方肌等。

图 6-80　杠铃高翻

第三节　龙舟项目体能训练组织与安排

体能训练组织与安排主要包括体能训练的原则，以及教练员在遵循训练原则的基础上，能够灵活、创造性地排列组合训练方式方法。既要安全有效地完成训练目标，又要强调练习者在完成目标过程中的愉悦性。

一、体能训练原则
（一）教育激励训练动机的原则

训练计划的制订以及训练形式的安排组织占有重要地位。追求新异刺激是业余爱好者的天性，任何陈旧的内容都难以调动起积极性。因此在安排训练手段时应在一定范围内追求一些新异性。比如都是练习下肢远固定的蹲，我们在安排深蹲之余也可以安排单腿蹲、相扑蹲、保加利亚蹲、罗马尼亚蹲，或者可以利用多种训练设备，例如悬吊、壶铃、杠铃、哑铃等，在保证刺激效果相同并安全有效的前提下，采用具有新异性的方式方法激发业余练习者的训练兴趣。

此外，作为一名运动员的体能教练，应该具有一定的讲解能力与耐心。业余练习者不同于成年专业练习者，他们的训练效果并没有与其收入直接挂钩，也并不知道具备良好的体能究竟有多么重要。因此，体能教练可以利用少量的时间讲解一下从整个体能训练至一个具体的练习手段的作用，从而使他们能够积极主动地进行训练。并通过不太长的一段时间，练习者能体会到训练的真实效果，从而对体能教练以及体能教练所制订的训练计划充满信任和信心。

（二）基于动作进行训练的原则

训练的本质是动作，动作的重复构成运动负荷，负荷起伏的合理安排形成周期。无论多么复杂的动作，都不外乎人体推、拉、旋转、弓步、蹲等最基本的动作模式。这些基本的动作模式不仅是各专项动作的基本组成部分，也是人类生活中动作的基本组成部分。婴幼儿的生长发育过程也是动作发育的过程，"三翻六坐九爬"这种人类基本的动作训练使得人体由俯卧位逐渐发展至站立位。而所有的运动专项都是根据人体结构与功能，并适度地考虑了一定的娱乐性而设计的。

格雷·库克（Gray Cook）指出，训练动作能够改善肌肉，而训练肌肉并不能改善动作。对这句话的理解，最重要的是要弄清楚训练过程中是以动作为基准还是以肌肉为基准。在现代竞技运动训练理论与实践中，除了健美练习者以外，便很少存在单纯对比肌肉的运动项目。如果将肌肉视为训练的目标，则动作质量就会被忽视。虽然肌肉力量仍会得到一定的发展，但是忽视动作的重要性会使练习者无法形成正确的动作记忆。肌肉以强大的收缩力量按照不正确的方向、作用点与角度进行收缩，并不能获得良好的效果。错误的力学角度还会导致能量传导的泄漏，被泄漏的能量无法传导至肢体末端，只会在身体中间某一环节对骨骼形成应力，引起运动损伤。正如健美练习者拥有一身漂亮的肌肉，然而他们的速度、爆发力、协调性均较差。充实的肌肉维度并不代表着强大的肌肉力量，肌肉力量除取决于肌肉维度外，还取决于神经对肌肉的控制能力、肌肉的能量释放速率等。强调肌肉训练的另一不足之处便是难以在各个维度上或者人体运动链各个环节上获得良好的肌力配比以及拮抗肌平衡。人体在实际运动中很少是单关节的开链运动，大部分是由两个关节以上参与，涉及多块肌肉相互拮抗、协同、稳定的动作。将训练的目标放在肌肉上，则很难在宏观上把控这些问题。

而基于动作的训练则需要肌肉的协同用力，在动作的多次重复中，肌肉学会了如何能够更加高效地工作，拮抗肌之间如何共同激活、如何交互抑制，各个协从的关节与肌肉的发力时序与配比如何更加协调。动作训练也需要肌肉收缩以对抗外界阻力，也能产生肌肉肥大、收缩力量增加、能源储备增多、耐力增强的良好适应性变化，而且所引起的适应性变化更加符合人体的结构功能，更加符合专项特征。特别是对于神经稳定性差、骨骼肌肉可塑性强的业余练习者而言，帮助他们建立正确的身体姿态、动作标准以及发力习惯远远比增强他们的肌肉维度与绝对力量更为重要。

（三）优先改善运动弱链的原则

根据运动生物力学理论，人体运动是通过人体末端对运动器材或场地做功来达到专门目的的过程。例如，跑步是通过足部对地面蹬伸，地面的反作用力使人体获得向前的力量；足球通过足部将球踢出；排球通过手掌将球扣出。虽然完成最后一击的部位在身体末端，然而力量的来源与叠加却远非这么简单。无论何种专项运动功能的实现，都需要复杂的力量传导与平衡的过程，都离不开人体各个运动环节有效的、专门化的整合与协调。这些运动环节相互配合构成了一条或者多条完整的运动链，遵循着力量由身体近端至末端依次放大的规律。如果运动链中的任何一个环节在力量的大小、角度、速度上出现了不足或者偏差，其临近的远端环节便会出现代偿现象，即通过增大自身力量与速度、改变方向来补偿上一关节的功能不良。如在高速奔跑时，如果臀大肌不能充分发挥其稳定肌的功能，那么其临近的远端肌肉股二头肌便会代偿其发挥稳定骨盆的功能，而腘绳肌发挥稳定功能需要持续性收缩，这又改变了腘绳肌一张一弛的工作方式，极易引起腘绳肌的运动损伤；腘绳肌的功能不良会影响膝关节的屈伸拮抗肌力平衡，使快速伸膝的制动能力下降，又会引起膝关节十字韧带的损伤。不良动作模式在一条运动链内或者不同运动链之间的代偿如同病毒一样逐级向下传播。

随着研究内容的不断深入以及研究视角的不断丰富，人们开始用系统论来分析运动链。完整的运动链不仅涉及肌肉、骨骼、关节等运动系统，还涉及人体与运动相关的各系统。通过对人体运动链进行抽象与概括，将其分为：动力链（肌肉与关节）、神经链、内分泌链以及能量链等[1]。以上链式结构的任何一环出现问题，都会通过逐级代偿而影响整个机体。

体能训练作为一种符合人体生物力学、生理学结构与功能特征需求的训练理念，寻找并改善身体运动的薄弱环节是其基本原则之一。只有完善结构，才能改善功能；只有消除人体运动的短板，才能避免动作代偿，从而回归合理的动作模式。这是改善运动表现、防止运动损伤的基础。

（四）注重恢复与再生的原则

再生是一个多领域词汇，近些年才被引入运动训练领域。再生一词的生物学意义为："生物体对失去的结构重新自我修复和替代的过程。从狭义上讲，再生指生物

---

[1] 师文月.初论竞技运动训练之运动链、运动弱链及其功能危机[J].山东体育学院学报，2013，29（1）：100－103.

体的器官损伤后，剩余的部分长出与原来形态功能相同结构的现象[1]。"训练学中的再生是指在训练或者比赛后有计划地通过变换运动方式、按摩、拉伸、放松软组织等积极性的恢复练习，并配合营养物质能量补充、冷疗、热疗等一系列方法手段加快机体恢复的一种训练模式。

随着体育职业化、商业化的程度越来越高，练习者的训练与比赛的强度越来越大，在激烈的竞赛中，练习者需要利用频繁密集的比赛之间的短暂间歇时间尽可能快速、充分地恢复身体。科学有效的训练是练习者提高身体能力的基础，而良好的恢复则是练习者能力持续提高的保障。再生与恢复两个词汇虽然含义较为接近，但它们之间也是有着严格的区别的。再生是帮助练习者恢复的一种训练方法，而恢复则是再生训练的主要目的，前者为方法，后者为结果。

疲劳的累积不仅会带来肌力下降、技术动作变形、韧带弹性下降、骨骼应力能力下降、抵抗力下降等生理学变化，还会引起练习者参训兴趣下降、注意力涣散、情绪烦躁等多种心理学问题。业余练习者大都意志品质薄弱，凭借兴趣来进行训练，一旦长期将他们置于较为痛苦的感受之中，不良影响也是巨大的。

现代训练理念都将恢复与再生置于非常重要的位置，而体能训练更应该将其视为重要的基本原则之一。因为没有良好的恢复，便不容易激发龙舟运动员的训练动机，便难以保持正确的动作模式，无法遵守体能训练的前几个原则。此外，疲劳是诱发身体运动薄弱环节严重化的主要诱因之一，疲劳对身体各部位影响的不均衡性，使得某些部位的功能丧失更为严重。在这种情况下仍进行训练，则只有依靠其他环节的代偿动作，而这种疲劳性代偿配合薄弱环节的代偿使得动作训练效果根本无从保证。这样，训练本身不能帮助练习者获得能力提高，而训练后的超量恢复才是帮助练习者获得提高的根本原因。鉴于此，在本研究针对龙舟练习者制定的体能训练方案中，恢复与再生训练是基本原则之一，并在训练主要内容中占据了非常重要的一部分。

（五）训练难度循序渐进的原则

在体能训练中，练习的难度是有多种参考标准的，主要包括动作的难度、负重的重量、持续的时间、重复的次数及组数、间隔时间以及不良的外界环境等。在制定训练方案时，对这些因素的把控合理与否将直接决定训练效果的好坏。训练难度过低，则无法达到应有的效果，难度过高，不仅影响练习者的积极性，更会导致过度疲劳、动作规格下降，甚至在训练中产生意外以及运动损伤。

---

[1] 中国科学院. 再生医学研究与转化应用[M]. 北京：科学出版社，2018.

动作质量应放在训练计划制订的首位。如果练习者无法以正确的模式完成动作，则不应该考虑增加其他难度指标，甚至应该降低其他难度指标。根据运动生物力学的基本原理，支撑点越少，动作难度越大。同样的支撑点数量，支撑点之间或者与器械之间的阻力臂越大，动作难度越大，支撑点的稳定性越低，难度越大。以俯卧撑为例，难度最低的是双膝支撑的双手俯卧撑；可以通过增加上肢与下肢两个支撑点之间的力臂，将下肢膝撑改为脚撑，从而达到增加动作难度的目的；可以采用单脚支撑的俯卧撑，即通过减少支撑点数量来增加动作难度；还可以要求练习者手撑在平衡软榻上进行俯卧撑，这样通过人为营造不稳定力学环境使动作的难度达到最高。此外，练习者采取不同的身体姿势，完成动作的难度亦不相同，例如做核心抗旋转训练时，跪姿、前后分腿蹲姿、半蹲姿、站姿的难度是不同的。一般对于绝大多数运动项目而言，半蹲姿与站姿是具有功能性的姿势，因为绝大多数运动项目要求练习者在双脚两点支撑的情况下完成，但是采取其他身体姿势进行训练，相当于根据难度要求对练习者进行加难法与减难法训练，也能够使训练形式更加丰富多样。

一般情况下，多种动作练习的难度递增有一定的共性特点。第一，大多数练习都应该由稳定支撑面逐渐向非稳定支撑面过渡。第二，大多数练习的支撑点都应该由近端向远端过渡。第三，大多数练习都应该从多支撑点向少支撑点进行过渡。第四，大多数练习都应该从低重心向高重心过渡。第五，大多数练习都应该从对角支撑模式向同侧支撑模式过渡（这是因为相对于对角动作模式，同侧模式在身体两侧会形成不对称受力，需要身体多关节的抗旋转稳定肌群来参与工作）。在设计选择训练动作时，以上五大特点可以相互配合使用。例如，如果练习者膝撑的俯卧撑能够在无负重的情况下轻松完成，那么教练员应考虑将练习的难度提高为脚撑俯卧撑，然而教练员发现改变后，练习者无法以要求的规格完成这一动作时，可以考虑先不增加动作难度，仍要求练习者做膝撑俯卧撑，但是可以增加动作重复次数或组数（但是不应超过15次，否则将成为发展肌肉耐力的训练），或者在其背部增加杠铃片，但重量不应超过练习者体重的20%，直至练习者能够完成脚撑的俯卧撑。在首次对练习者安排一种练习时，教练员应及时掌握练习者的动作能力，了解练习者的动作水平适合完成哪一档难度的动作，难度过低或过高都应及时调整，直至选择了一档练习者能够通过努力刚好能以标准的姿势完成的动作难度。在经过一段时间的训练后，如发现练习者完成该动作过于轻松，这属于正常的生物适应性规律，也是训练效果的体现，此时教练员应及时增加动作难度，使练习者始终保持着需要尽较大努力才能高质量地完成动作的状态。在这个过程中切记要循序渐进，不能盲目地追求动作难度而不顾练习者的动作质量，特别是对于业余练习者而言，在训练大周期进程把控上，应稍微"收一点，欠一点"，尽量做到动作难度的及时、准确调控，如果无法做到，则宁可保守一点。

二、体能训练组织与安排

（一）准备部分

现代体能训练理论中的准备部分主要包括动态拉伸、肌肉激活、动作整合以及神经激活四个部分。动态拉伸是以正常速度让肌肉在短时间内达到拉伸的极致点，迅速回正或者转向其他方向，也可以同一方向反复多次运动。它可以帮助练习者在较短的时间内提高肌肉温度，降低黏滞性，提高延展性。而肌肉激活主要针对的是人体惰性较大的肌群（例如肩部肌群、核心肌群、臀部肌群），在训练之前应预先增加运动单位的兴奋性，使其能够在之后的正式训练中得到更充分的调动。动作整合练习是指按照一定的时间、空间和顺序所进行的一系列协调组合的动作模式。通过动作整合练习，把身体不同节段和关节连在一起形成一个整体的运动链，从而提高身体动力和能量的传递效果，提升人体的整体运动表现，提高人体各环节运动链的整体运动效果。在准备活动中，应完成肌肉动员和动态拉伸练习后，再进行动作整合练习，为人体完成多种动作和进行复杂而多变的运动做好准备，减少和预防运动损伤。神经激活主要采用一些快速多变的练习来提高练习者神经系统的兴奋性。具体见表6-2。

表6-2 龙舟体能训练准备部分总览

动作准备环节	具体方法示例
动态拉伸	见体能训练章节
肌肉激活	肩部：肩部Y、T、W练习
	臀部：臀桥
	核心：腹桥、背桥、侧桥
动作整合	前侧链：正抛球
	背侧链：后抛球
	旋转链：旋转抛球
神经激活	快速脚步、多姿反应起跑

（二）基本部分

龙舟体能训练主要涉及力量、速度、耐力、柔韧性、灵敏性、协调性六部分内容。而每一部分又包括各自的具体内容。如何安排每一节训练课各个内容的序列将直接影响体能训练的效果。

灵敏性、速度与协调性练习优先。以上三种练习相对于其他练习内容要求更好的神经与肌肉兴奋状态。良好的速度与协调性都需要肌肉的快速与精准的收缩与放松，而力量与耐力练习都会影响这些方面的状态；反之，少量的速度与协调性练习能够预先激活肌肉与神经的活性，会有利于之后的肌肉抗阻训练。因此速度与协调性训练应放在一节训练课的首位。

力量是体能训练中各项素质中最重要的一项，它是其他各项素质的基础。在龙舟运动中，划手划桨的力量是船前进的主要动力。按照力量与速度的关系，力量素质可以分为爆发力、最大力量与力量耐力。如果一堂力量训练课中涉及以上三部分的练习，爆发力训练应先于最大力量训练，最后才是力量耐力训练。不过由于三项练习均会造成肌糖原的大量消耗，不建议在一堂训练课中对同一肌群完成三种力量练习。此外，对于体能训练初学者而言，应注意身体各肌肉群的均衡发展，因此在力量训练中应注意上肢、核心、下肢肌肉力量训练交替进行，屈肌与伸肌力量综合发展。

耐力训练通常放在力量训练之后。按照人体供能方式的不同，耐力训练可以分为无氧耐力训练和有氧耐力训练。无氧耐力训练特指持续时间在30秒~2分钟，运动强度较高的运动，相当于400米或800米跑。而有氧耐力训练是指持续时间较长，强度较低的运动，一般认为超过2000米的跑步主要为有氧耐力运动。在进行耐力训练时，应先进行无氧耐力训练，再进行有氧耐力训练。这是因为无氧耐力训练会在运动过程中产生代谢废物——乳酸，而有氧耐力训练可以通过人体的有氧氧化代谢来清除血乳酸，从而有利于机体的快速恢复。需要注意的是，耐力训练并不等同于跑步，任何持续消耗能量的运动都属于耐力训练，例如游泳、骑自行车、划船、反复重复某一动作均属于此范畴。究竟如何区分有氧训练与无氧训练，主要取决于运动的强度与持续时间。

柔韧性训练一般为一堂训练课的最后环节，因为它不需要练习者过高的机能状态。它既可以作为基本部分来发展练习者的柔韧性，也可以作为结束部分来帮助练习者缓解或消除肌肉疲劳。

（三）结束部分

长期以来，体能训练的结束部分最容易被练习者忽视。实际上，结束部分的重要性并不亚于基本部分。一个优秀的练习者花在运动恢复上的时间要远远超过训练的时间。结束部分不仅包括训练课最后的肌肉静态拉伸或者慢跑，也应包括训练课后的按摩、饮食与休息。各练习者在课余相互按摩便是一种非常好的习惯。此外，大强度训练后，由于乳酸堆积，人体中pH下降，在此时补充一些碱性食物是非常有益的，例如豆类、绿色蔬菜类。对于肌肉急性疲劳或者酸痛的练习者，不建议立即长时间浸泡热水浴，因为这会加剧肌肉的炎症反应。

第四节　龙舟项目中的运动损伤及防治

龙舟运动对运动员的上下肢、腰、背、臀部肌肉力量的要求都相当高，由于龙舟训练强度的不断加大及比赛的日益激烈，当这种特殊的技术要求和身体某些部位的生理解剖弱点不协调时，产生运动损伤的可能性会不断增加[1]。这也就直接影响到龙舟练习者的身体健康，进而影响龙舟项目的进一步普及。

一、常见的运动损伤种类

杨琳[2]的研究表明，臀部擦伤占61.5%，居首位。其次是腰部伤，占12.3%，肩部损伤占10.1%。腰部损伤中腰肌劳损占59%，肩部损伤中肩袖损伤占69%。损伤率相对较高的部位还有大腿外侧擦伤、手掌擦伤、菱形肌拉伤等。由此可见，损伤性质的擦伤、劳损、扭伤居多。进一步分析发现，有两个主要因素：其一，龙舟内缘、座位边缘过于粗糙。加之运动员穿着不合适的服装进行训练或比赛，导致臀部、大腿外侧擦伤，因此要选择合适的服装进行训练，改进训练设备以减少擦伤。其二，由该运动项目特点所致。不管是舟上专门耐力训练还是陆上专门耐力训练，都是在固定某个位置上做重复的单一动作练习，容易造成运动员身体局部负荷过度而产生劳损致伤。因此在训练前后要特别注意负荷部位肌肉的放松运动，避免过度疲劳以预防损伤。（见表6-3）

---

[1] 刘贵博，刘溥. 龙舟运动员运动伤病防治及康复性体能训练研究 [J]. 现代交际，2015（12）：107-108.
[2] 杨琳. 龙舟运动员运动损伤的特点及防治原则 [J]. 成都体育学院学报，1994，20（S1）：71-74.

表 6-3　龙舟运动员常见的运动损伤类型

部　位	百分比 /%	损伤类型
颈部	0.5	扭伤
肩部	10.1	劳损、拉伤
背部	3.4	拉伤
前臂	1.4	拉伤
手部	2.4	擦伤
腰部	12.3	劳损、扭伤
臀部	61.5	擦伤
大腿部	5.1	擦伤
膝部	2.4	擦伤、扭伤
踝部	0.1	急性扭伤
其他	0.8	砸伤
合计	100	

二、慢性运动损伤的预防

在龙舟训练中，慢性运动损伤多发于肩部与腰部。其中肩部损伤多源于肩关节稳定性不足，导致肩肱节律异常，部分引起肩峰撞击综合征。而腰部损伤则主要为慢性非特异下背痛。

（一）肩部慢性运动损伤的预防

通过在非稳定力学环境下克服轻器械或自身体重来提高患者肩部与躯干稳定性[①]（见表 6-4）。

表 6-4　肩部稳定性康复训练方案

训练手段	训练要求	训练目的
瑞士球稳定性练习	练习者双臂撑于瑞士球上方，双脚立于地面，躯干保持平板支撑。教练员对瑞士球进行多方向推拉	提高运动员肩部的稳定性
跪姿（站姿）悬吊前推	运动员以跪姿或站姿立于悬吊带之前，悬吊带固定住两侧大臂，躯干呈平板支撑，重心前移，使肩部缓慢上举	提高运动员肩部的稳定性与灵活性，对胸大肌、胸小肌、三角肌前束进行牵拉

---

① 王梁，赵焕彬. 柔道运动员肩关节习惯性脱位术后功能性康复训练效果：1 例报道［J］. 中国康复医学杂志，2018，33（1）：102-104.

续表

训练手段	训练要求	训练目的
弹力带斜拉稳定性练习	一侧手臂呈45°角上举，另一侧手臂下垂至与躯干呈45°角。两手将弹力带拉直。教练员对弹力带进行各方向晃动，运动员需要保持全身稳定	提高运动员肩部及躯干的稳定性
服务生行走	运动员将壶铃倒置举过头顶，腕、肘、肩、髋处于一条直线上，保持这一姿势缓慢行走	提高运动员肩部及躯干的稳定性
振动棒练习	身体直立，一侧手臂前伸至与躯干垂直，肩、肘、腕关节呈一条直线。手握振动棒并抖动，躯干保持稳定，持续30秒	提高运动员肩部及躯干的稳定性

（二）腰部慢性运动损伤的预防

参考King（金）编制的核心稳定性训练指南[①]，本方案（见表6-5）的核心稳定性训练主要采用闭链的等长收缩或离心收缩，而向心收缩的参与比例较低。负荷强度主要以动作难度的方式呈现，动作难度随着练习者动作能力的提升而逐渐进阶。动作难度进阶的方式主要包括：

（1）减少支撑点或支撑面积；（2）增加动作不对称性；（3）增加支撑面的不稳定性（例如悬吊、瑞士球、平衡盘等）；（4）增加动作的阻力臂；（5）增加离心收缩的速度。进阶以练习者的动作质量为最高优先级，只有当练习者能够高质量地完成下一个难度级别的动作时，进阶才算完成，否则仍维持此级别动作难度。运动的负荷量主要取决于持续的时间以及重复的次数与组数，一般以练习者无法保持标准动作的时刻为结束点。

表6-5 核心稳定性训练方案

项 目	实验组	对照组
准备活动	躯干动态拉伸	躯干动态拉伸
卧姿矢状面	腹桥、背桥类	主动收腹、背伸类
卧姿冠状面	侧桥类	躯干主动侧屈类
卧姿水平面	躯干动态、静态抗旋类	躯干动态助旋类
站姿	骨盆与髋关节稳定类	主动下劈、上挑、旋转类
坐姿	躯干抗屈伸、抗侧屈、抗旋类	主动下劈、上挑、旋转类

---

① King M A. Core stability: Creating a foundation for functional rehabilitation[J]. Athletic Therapy Today, 2000, 5(2): 6-13.

三、急性运动损伤的处理

（一）擦伤

1. 原因与症状

运动时皮肤受挫致伤，如跑步时摔倒，训练、比赛时身体因摩擦器械受伤，擦伤后皮肤出血或组织液渗出。

2. 处理

小面积擦伤，用红药水涂抹伤口即可。大面积擦伤，先用生理盐水洗净，然后涂抹红药水，再用消毒布覆盖，最后用纱布包扎。

（二）撕裂伤

1. 原因与症状

在剧烈、紧张运动时，因受到突然强烈的撞击，造成肌肉撕裂。其中包括开放伤和闭合伤两种。常见的有眉际撕裂、跟腱撕裂等。开放伤顿时出血，周围肿胀；闭合伤触及时有凹陷感和剧烈疼痛。

2. 处理

轻度开放伤，用红药水涂抹伤口即可；裂口大时，则需止血和缝合伤口，必要时注射破伤风抗毒血清，以防破伤风症。如跟腱断裂，则需手术缝合。

（三）挫伤

1. 原因与症状

因撞击器械或练习者之间互相碰撞造成挫伤。单纯挫伤在损伤处出现红肿，皮下出血，并伴有疼痛感。内脏器官损伤时，则出现头晕、脸色苍白、心慌气短、出虚汗、四肢发凉、烦躁不安，甚至休克现象。

2. 处理

在 24 小时内冷敷或加压包扎，抬高患者肢体或外敷中药。24 小时后，可按摩或理疗。进入恢复期可进行一些功能性锻炼，如果怀疑内脏损伤，则做临时性处理后，送医院做进一步检查和治疗。

（四）肌肉拉伤

1. 原因与症状

通常在外力直接或间接作用下，肌肉过度主动收缩或被动拉长引起肌肉拉伤。特别是在准备活动不充分、动作不协调时以及肌肉弹性、伸展性、肌力差者更易拉伤。损伤后伤处肿胀、压痛、肌肉痉挛，触诊时可摸到硬块。严重的肌肉拉伤是肌肉撕裂。

2. 处理

轻者可即刻冷敷，局部加压包扎，抬高患肢。24 小时后可施行按摩或理疗。如肌肉已大部分或完全断裂，在加压包扎急救后，立即送医院进行手术治疗。

（五）肩关节扭伤

1. 原因与症状

一般因肩关节用力过猛以及反复劳损所致。也有的因技术错误，违反解剖学原理而造成损伤，如投掷、排球扣球、大力发球时常出现这类损伤。其症状有压痛、疼痛，急性期有肿胀，慢性期三角肌可能出现萎缩，肩关节活动受限。

2. 处理

单纯韧带扭伤，可采用冷敷、加压包扎。24 小时后可采用理疗、按摩和针灸治疗等措施。出现韧带断裂时，应立即送伤者去医院进行缝合和固定处理。当肩关节肿胀和疼痛减轻后，可适当进行功能性锻炼，但不宜过早活动，以防止转为慢性。

（六）踝关节扭伤

1. 原因与症状

运动中跳起落地时失去平衡，使踝关节过度内翻或外翻受伤。在准备活动不充分，场地不平坦的情况下，更易造成这类损伤。主要症状为伤处疼痛、肿胀、韧带损伤处有明显压痛、皮下淤血。

2. 处理

受伤后，应立即冷敷，用绷带固定包扎，并抬高伤肢。24 小时后，根据伤情采取综合治疗，如外敷伤药、理疗、按摩等，必要时做封闭疗法。待病情好转后，施行功能性练习，对于严重患者，可用石膏固定。

（七）急性腰扭伤

1. 原因与症状

运动时，身体重心不稳定或肌肉收缩不协调，引起腰部损伤。多数因腰部受力过重，或脊柱运动时超过了正常生理范围。

2. 处理

腰部急性扭伤后，让患者平卧，一般不应立即扶动。如果剧烈疼痛，则用担架抬送至医院治疗。处理后，应卧硬板床或腰后垫一个枕头，使肌肉韧带处于放松状态。也可针灸、外敷药物或按摩。

（八）肌肉痉挛

1. 症状

肌肉痉挛俗称"抽筋"，表现为肌肉发生不自主的强直收缩。其症状是：肌肉僵硬，疼痛难忍，痉挛肌肉所涉及的关节伸屈功能有一定的障碍。运动中最容易发生痉挛的肌肉为小腿腓肠肌，其次是足底的屈踝和屈趾肌。

2. 原因

（1）寒冷刺激：肌肉受到低温的刺激，兴奋性增高，易产生强直性收缩，如游泳时，未事先用冷水淋湿身体，突然受到冷水刺激，冬季户外锻炼时受到冷空气刺激，都可以引起肌肉痉挛。

（2）电解质丢失过多：运动中大量排汗，长时间剧烈运动或夏天运动时（产生脱水），电解质随汗液大量丢失。此时，神经、肌肉的兴奋性增高，容易引起肌肉痉挛。

（3）肌肉连续收缩过快，放松时间太短，使肌肉的收缩与放松不能协调交替，因而引起肌肉痉挛，这在自行车和短跑运动中较多见。

（4）疲劳：运动会使肌肉中产生大量乳酸，肌肉中堆积的大量乳酸就不断地对肌肉的收缩物质起抑制作用，久而久之肌肉便开始疲劳，致使痉挛产生。身体疲劳时，特别是局部疲劳状态下再进行剧烈运动或做突然紧张用力的动作，就容易产生肌肉痉挛。

3. 处理和治疗

不太严重的肌肉痉挛，只要向相反的方向牵引痉挛的肌肉，一般都可使其得到缓解。例如腓肠肌痉挛，可伸直膝关节，用力将踝关节背伸；屈踝和屈趾肌痉挛时，可用力将足和趾背伸。牵引时切忌暴力，用力宜均匀、缓慢，以避免造成肌肉拉伤，可采用揉捏等手法，促使症状得到缓解。

4. 预防

加强身体训练，提高机体的耐寒能力和耐久力。运动前必须做好准备活动，对容易发生痉挛的肌肉可事先做适当的按摩。冬季锻炼时，要注意保暖；夏季进行剧烈运动或长时间运动时，要注意电解质的补充和维生素 B_1 的摄入；疲劳或饥饿时不宜进行剧烈运动。

第七章

中华龙舟运动竞赛组织与裁判

运动竞赛是体育运动的基本表达方式之一。龙舟运动通过各种竞赛活动，体现同舟共济、奋发有为的龙舟竞技精神，通过竞赛仪式反映浓郁的家国情怀和向往美好生活的中华优秀传统文化，通过竞赛活动的组织与过程控制表达和谐友善的社会主义核心价值观。随着龙舟运动的发展，龙舟运动凝练各种民俗龙舟的表达形式，形成一套规范的竞赛要求，逐步与国际竞技体育发展接轨。本章主要结合最新龙舟竞赛规则，介绍龙舟竞赛的形式、类别、场地设施标准等基本知识，以及竞赛活动的流程与要求，阐述龙舟竞赛的安全问题，梳理总结龙舟竞赛的组织与管理的基本过程。

第一节 龙舟竞赛基本常识

龙舟运动是依靠众多划手以划桨产生动力，集竞技、健身、娱乐、祭祀等于一体，通过鼓手、锣手、划手、舵手同心协力推动龙舟前行的体育运动。龙舟竞赛是指在尽可能短的时间内，完成规定的距离或拉动对方至相应标记线的比赛。

所有形式的龙舟竞赛，必须配备龙头、龙尾、桨、鼓或锣、舵，延续中国民俗传统。根据区域民俗的不同特点，在头、尾造型设计方面有凤舟、象牙舟、龟舟、虎头舟、牛头舟、天鹅舟、狗头舟、蛇舟等形式，均属龙舟范畴（可保留原有形状规格和名称）。

一、竞赛形式

1. 直道赛：指在尽可能短的时间内，通过1000米及以内标志清晰而无任何障碍的直线赛道的竞赛。

2. 绕标赛、追逐赛：指在环绕半径不小于18米，直线距离不小于400米的人工或自然水域所进行的环绕竞赛。全国锦标赛和综合性运动会环绕半径不小于27米。

3. 拉力赛：指在自然水域、封闭的航线上进行的长距离竞赛。

4. 往返赛：指在不少于100米的直道内进行多次折返的竞赛。

5. 5人龙舟赛：指在单排舟中依靠5名划手以划桨产生动力，同心协力推动龙舟前行的长距离竞赛。

6. 拔河赛：指在静水水域中，比赛双方以龙舟和连接两条龙舟的绳索为主要器材，将对方拉至相应标记线的竞赛。

7. 冰上赛：指在水上龙舟运动基础上延伸的一项在冰面上滑行的冰上竞赛。

8. 其他形式赛：指在水上龙舟运动基础上延伸的在陆地、草地、沙漠、海面、雪地等上的各类形式的竞赛。

二、竞赛类别

1. 全国综合性运动会龙舟赛。
2. 中华龙舟大赛。
3. 中国龙舟公开赛。
4. 全国龙舟锦标赛。
5. 中国龙舟大奖赛。

6. 全国青少年龙舟锦标赛（包含青少年 U 系列赛事）。

7. 其他赛事（精英赛、邀请赛、争霸赛、传统龙舟赛、拉力赛、往返赛、5 人龙舟赛、拔河赛、冰上龙舟赛、陆地赛、趣味赛等）。

8. 彩龙、艳龙等形式的龙舟赛。

9. 地方龙舟赛。

三、竞赛组别

1. 公开组：运动员无年龄、无性别限制。

2. 男子组：运动员必须是男性，无年龄限制。

3. 女子组：运动员必须是女性，无年龄限制。

4. 混合组：运动员性别受限，无年龄限制。其中：

（1）22 人（23 人）龙舟竞赛中各参赛队应该有最少 8 名、最多 10 名同性别划手参赛。

（2）12 人龙舟竞赛中各参赛队应该有最少 4 名、最多 5 名同性别划手参赛。

（3）迷你（5 人）龙舟竞赛中各参赛队应该有最少 4 名、最多 5 名同性别划手参赛。

（4）混合组鼓手、锣手、舵手无性别限制。

5. 青年组：除非竞赛规程另有规定，运动员年龄为当年 12 月 31 日前满 18 周岁但不超过 23 周岁。青年组可以设公开、男子、女子及混合组。

6. 少年组：除非竞赛规程另有规定，运动员年龄为当年 12 月 31 日前满 12 周岁但不超过 18 周岁。其中：

（1）少年甲组：运动员年龄为当年 12 月 31 日前满 12 周岁但不超过 18 周岁。

（2）少年乙组：运动员年龄为当年 12 月 31 日前满 12 周岁但不超过 16 周岁。

（3）少年丙组：运动员年龄为当年 12 月 31 日前满 12 周岁但不超过 14 周岁。

（4）任何生日在 1 月 1 日当天或之后的 14 岁、16 岁、18 岁运动员在当年仍可作为 13 岁、15 岁、17 岁运动员参赛（除舵手外）。

（5）少年组可以设公开、男子、女子及混合组。

7. 老将组：除鼓手、锣手、舵手外，运动员年龄必须在 40 周岁或以上（以当年 12 月 31 日计）。

（1）老将甲组：运动员年龄必须在 40 周岁或以上（以当年 12 月 31 日计）。

（2）老将乙组：运动员年龄必须在 50 周岁或以上（以当年 12 月 31 日计）。

（3）老将丙组：运动员年龄必须在 60 周岁或以上（以当年 12 月 31 日计）。

（4）老将组可以设公开、男子、女子及混合组。

四、竞赛场地

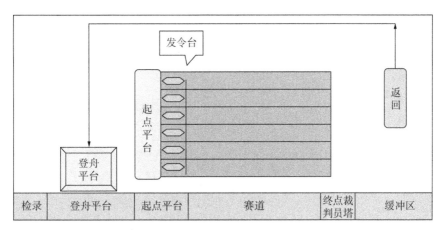

图 7-1　竞赛场地布局图

1. 赛道（见图 7-1）

（1）各条赛道宽度必须一致，规格为 9~13.50 m。

（2）赛道一侧设 30 m 宽的附赛道，另一侧设 6 m 以上宽度的警戒水域。

（3）赛道两侧设置明显的分段标志。

（4）起点和终点均需设置各条赛道的编号牌（白底黑字）。

（5）起点线和终点线外至少要各留 100 m 以上的准备区域和缓冲区域。

2. 登舟平台

（1）登舟平台须坚固稳定，确保安全，有利于运动员登舟、龙舟靠岸和保护比赛器材。

（2）登舟平台设主平台、若干附平台。主平台长不少于 46 m，宽 4 m；每个附平台向水面延伸 12~18 m，宽 4 m，相邻附平台的间距为 10 m。根据比赛规模分设 22 人（23 人）龙舟附平台（长 18 m）、12 人龙舟附平台（长 12 m）、迷你（5 人）龙舟附平台（长 8 m）。每个附平台近端依次设有与赛道相对应的编号，规格与起点编号牌相同。

3. 发令台

发令台设置在起点线的延长线上 6 m 外，规格为 6 m×6 m 的平台。在此平台中央须固定架设一个不低于 0.6 m 高（规格为 3 m×2 m）的长方台（以利于发令员在取齐、观察犯规以及起点摄像时有更好的视角），配备扩音和遮阳、避雨设施。

4. 起点平台

起点平台设置在起点线后，采用浮桥式，须坚固稳定。起点平台至起点线的距离按比赛龙舟的长度布置，起点平台长不少于比赛所设赛道的总宽度，宽不少于 2 m，高出水面 0.3 m。每条赛道须配备小扬声器和遮阳、避雨设施。

5. 终点裁判员塔

终点裁判员塔设在封闭的室内，便于安装电子计时设备和终点摄像机，共三层，每层至少长 6 m、宽 5 m、高 3 m。第一层为人工计时台（人工计时台应为阶梯式），第二层为电子计时、赛事编排台，第三层为摄像机位。

五、器材

龙舟器材采用国家标准（中国龙舟协会审定的龙舟器材标准）和国际标准［国际龙舟联合会（IDBF）审定的龙舟器材标准］两种器材标准。

1. 龙舟

（1）国家标准

22 人（23 人）龙舟：总长（含龙头、龙尾）18 400 ± 20 mm，舟体型长 15 500 ± 20 mm，龙头长 1450 ± 10 mm，龙尾长 1450 ± 10 mm；舟体型宽（中舱最宽处）1100 ± 10 mm；对称度 ≤ 5 mm，舟体型深 ≤ 530 mm。

12 人龙舟：总长（含龙头、龙尾）12 950 ± 20 mm，舟体型长 10 950 ± 20 mm，龙头长 950 mm，龙尾长 1050 mm；舟体型宽（中舱最宽处）1000 ± 10 mm；对称度 ≤ 3 mm，舟体型深 ≤ 500 mm。

迷你（5 人）龙舟：总长（含龙头、龙尾）不小于 8900 ± 20 mm，舟长 7000 ± 20 mm，舟体型宽（中舱最宽处）1000 ± 10 mm；对称度 ≤ 3 mm，舟体型深 ≤ 500 mm。

（2）国际标准（见表 7-1）

表 7-1　IDBF 标准舟体尺寸

项目	22 人（23 人）龙舟		12 人龙舟	
	尺寸	允差	尺寸	允差
舟长 /mm	12 480	± 10	9000	± 10
舟宽 /mm	1140	± 10	1150	± 10
型深 /mm	580	± 10	560	± 10
重量 /kg	≤ 280		≤ 210	
	同批次相同型号比赛用船重量误差 ± 2.50			

全国性综合运动会以及在国内举办的国际级龙舟比赛，必须使用国际龙舟联合会认证的器材。中国龙舟协会主持的国家级赛事（含分站赛），可使用中国龙舟协会

认证的器材，也可以使用国际龙舟联合会认证的器材。

2. 舵桨

舵桨采用固定式，固定装置设在尾舱左侧船体上。舵桨总长3000±200 mm，其中桨叶长1100±200 mm，桨叶前沿宽135±15 mm，上端宽125±15 mm，桨叶的边缘厚度为15±5 mm；桨杆直径为45±15 mm；桨手柄长200±50 mm，直径为50±15 mm。

3. 划桨（见图7-2）

采用单面或双面划桨。划桨总长为1050~1300 mm，其中桨叶长480 mm，弧形斜口延伸120 mm，桨叶的肩距末端360~480 mm，桨叶前沿最宽180 mm，桨叶长120 mm处宽167.5 mm，桨叶长240 mm处宽154 mm，桨叶长360 mm处宽140.5 mm，桨叶的边缘厚度为4~10 mm；桨杆长570~820 mm（含手柄），直径为25~35 mm；桨手柄长100±5 mm，直径为25~35 mm。可使用自备划桨，但划桨赛前须经裁判员检查认证，符合标准方可参赛。

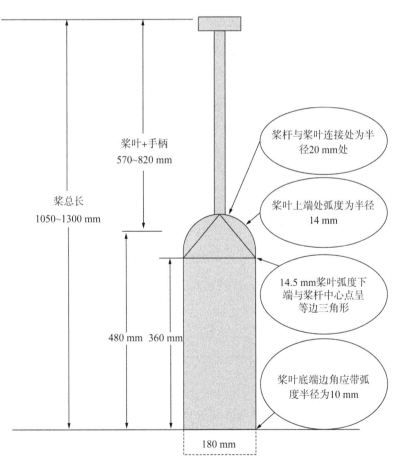

图7-2 划桨轮廓示意图

龙舟、舵桨、划桨的制造材料不受限制，龙舟本身重量不设统一标准，但在同一赛事中用大会统一提供的相同材料和工艺制造，且为同一批次出厂的器材（划桨除外）。参赛队可以设计个性化的龙头、龙尾，但重量和长度须符合规则要求。中国龙舟协会主办的赛事中使用龙舟的重量要求为：22 人（23 人）龙舟重量 ≤ 330 kg，12 人龙舟重量 ≤ 210 kg。所有比赛龙舟最重与最轻的误差不得超过 2.5 kg（含龙头、龙尾、鼓、锣、舵桨和附属器材）。中国龙舟协会主办的各类赛事赛前必须组织龙舟称重、配重。

六、运动员

1. 参赛资格

（1）运动员须身体健康，具备着轻便服装游泳 200 m 以上的能力。

（2）在无年龄限制的组别中，如运动员的年龄未达到 12 周岁，必须着救生衣，且指定一名成年运动员负责其安全，否则取消该运动员的参赛资格。

（3）比赛期间，运动员必须携带身份证、参赛证和注册证，以便审查。

（4）综合性运动会，按相关竞赛规定、竞赛规程执行。

2. 参赛人数及配备

（1）22 人（23 人）龙舟竞赛：每队运动员不超过 26 人（27 人），其中划手 20 人，舵手、鼓手（23 人赛含锣手）各 1 人，替补队员 4 人。

（2）12 人龙舟竞赛：每队运动员不超过 14 人，其中划手 10 人，舵手、鼓手各 1 人，替补队员 2 人。

（3）迷你（5 人）龙舟竞赛：每队运动员不超过 7 人，其中划手 4 人，舵手（兼鼓手）1 人，替补队员 2 人。

（4）参赛运动员的资格在登舟后即为确定，不得替换。

（5）各参赛队须设队长 1 人，比赛时戴大会统一提供的队长标志。

3. 参赛减员

检录时，教练员声明减员，经检录裁判长同意，该队本场比赛可减员参赛。减员仅限于划手，但不包括混合组对同一性别运动员的最低限制，否则该队不得参加比赛。

减员限制：

（1）22 人（23 人）龙舟竞赛每队划手不得少于 18 人。

（2）12 人龙舟竞赛每队划手不得少于 8 人。

（3）迷你（5 人）龙舟竞赛每队划手不得少于 3 人。

4.服装要求

（1）比赛时同队运动员的服装、服饰必须一致。

（2）除非天气和安全原因，运动员在比赛服外不得加穿任何衣物。

（3）大会为各队运动员提供参赛号码布，运动员须按报名登记表登记的上场号码将号码布戴在上衣背后。

（4）除非大会另有规定，在综合性运动会比赛中，运动员不得穿着未经主办单位批准的带有赞助广告的比赛服参赛，也不得在用来参赛的划桨上带上赞助厂商的广告。

第二节　龙舟竞赛流程

龙舟竞赛过程一般包括检录、登舟、起点、赛道竞赛、终点和返回，形成基本的竞赛流程，以保证赛事的顺利进行。诚然，由于龙舟需要很大的水域和陆上准备地域，各竞赛流程点的设计，往往需要根据赛事所在地的具体环境条件具体设计，需要运动队赛前积极适应。

一、检录

赛前各参赛队必须提前 30 min 到达检录处接受检录，参加该组比赛赛道抽签，接受裁判员点名、资格验证和服装检查。超过检录时间 15 min 未到达检录区的赛队，按自动弃权处理。

检录时，教练员声明减员，按龙舟竞赛规则"12.1.6 参赛减员"条款执行。凡违反规定经警告不服从者，取消该队比赛资格。

二、登舟

1.参赛队必须按裁判员指令登舟。凡违反规定经警告不服从者，取消其比赛资格。

2.登舟时，运动员按规定着救生衣，可携带坐垫（坐垫厚度在指压下不得超过 15 mm），不得携带可改变舟体摩擦力的涂抹物质、动力器材和通信设备等影响公平竞赛的物品。凡违反规定经警告不服从者，取消其比赛资格。

3.参赛队登舟后，在裁判员的指挥下有序离开登舟平台。从附赛道划向起点。凡违反规定经警告不服从者，取消其比赛资格。

4. 携带未经裁判员检验合格的划桨登舟，经警告不服从者，取消其比赛资格。

5. 比赛后，在裁判员指令下有序划回指定登舟平台。凡违反规定经警告不服从者，取消其比赛资格。

6. 比赛返回登舟平台后，凡发现携带违禁物品、器材短缺或人员与登舟时不符者，取消其比赛资格。

三、起点

1. 出发准备

各参赛队必须在起点裁判员指挥下尽快将龙舟（龙头）前沿稳定在起点线上。凡有不服从裁判员指挥或有意拖延时间者，将被黄牌警告。

2. 发令程序

（1）赛前 3 min 各参赛队根据起点裁判员指令进入赛道。

（2）赛前 2 min 进行点名，此时未进入赛道的队，将被黄牌警告。

（3）赛前 1 min 开始取齐，取齐过程中发令员择机发令。

（4）各参赛队准备就绪后，发令员开始发令。口令为："各队注意－预备－划"，并同时鸣笛。

（5）"预备"至"划"的间隔时间不超过 5 s。

（6）当发令员发出"各队注意"口令时，未准备好的赛队，鼓手应举手示意。

（7）发令员正常发令后，各参赛队不论何种原因延误起航的，责任自负。

3. 处罚规定

（1）抢航犯规：比赛采用一次起航，在发出"预备"口令后，凡划桨划水或击鼓、鸣锣、吹哨、呼喊等方式影响起航的赛队，均被判抢航犯规。对抢航的赛队不予召回，判该队抢航犯规，加时 5 s。

（2）遇下列情况之一者，取消其比赛资格：

① 同组比赛过程中第二次受到黄牌警告的队伍。

② 一次黄牌警告又抢航的队伍。

③ 用舵桨支撑平台助力出发的队伍。

四、赛道

1. 比赛中，各参赛队必须自始至终保持龙舟在本赛道中间划行，龙舟的任何部分均不得超越本赛道，龙舟偏离赛道的一切风险由赛队自行负责。

（1）即使赛队是在本赛道上直线划行，也应与相邻赛道上的龙舟保持至少 4 m 的水面距离。水面距离是指相邻两条龙舟桨叶之间的距离。当赛道裁判员发出"保持水面距离"指令时，各参赛队必须遵照执行，否则受到黄牌警告。

（2）若发生串道并领先于被串道龙舟时，串道的队被判罚犯规，取消该队比赛资格。

（3）若发生串道但落后于被串道龙舟，未影响其他赛队正常比赛且能够迅速划回本赛道的串道队，可不判犯规。

2. 划行姿势包括坐姿、站姿和跪姿。

（1）除非竞赛规程另有规定，比赛必须采用坐姿。

（2）传统龙舟比赛姿势不受限制。

3. 各参赛队锣手、鼓手必须有节奏地鸣锣、击鼓（允许加吹口哨）指挥划手。起航 50 m 之后未鸣锣、击鼓的队将被判罚加时 5 s。

4. 从附赛道划向起点的参赛队，中途不得靠岸。与比赛龙舟相遇时，应提前停鼓、停锣、停桨，待全部的比赛龙舟结束后，方可继续划行。凡违反规定经警告不服从者，取消该队比赛资格。

5. 除非竞赛规程另有规定，各参赛队舵手、鼓手、锣手不得以任何方式划水，否则，判该队犯规，取消比赛资格。

6. 比赛中如发生两条或两条以上龙舟相撞，根据下列情况判罚和确定是否中止比赛：

（1）预赛时发生此等事件，犯规队被判罚红牌，被取消比赛资格，其他队继续完成该组比赛。确已受到影响的队由总裁判长根据实际情况安排重赛。

（2）复赛至决赛的赛次中，如在比赛半程内发生此等事件，由赛道裁判长发出中止比赛信号并拦截。此时，取消犯规队的比赛资格，其他队立即返回起点，重新比赛。

（3）复赛至决赛的赛次中，如在比赛过半程发生此等事件，取消犯规队的比赛资格，其他队继续完成该组比赛。确已受影响的队由总裁判长根据实际情况安排重赛。

（4）重赛时，该组名次以各参赛队完成比赛的计时成绩来确定。重赛时间安排在下一轮赛次之前，但不保证受影响的队进入下一赛次前有足够的休息时间。决赛中受影响的队在事发 30 min 内重赛。

7. 参赛队若将龙舟故意翻转或损坏，除负责打捞、赔偿外，该队被判罪取消比赛资格。

8. 比赛中若发生器材损坏或失落，比赛继续进行。

9. 比赛中若出现队员落水，取消该队比赛资格。

10. 比赛中若出现未预见的情况（如天气原因、水域情况等），龙舟在偶然的情况下翻沉或两船相撞，使整场比赛受到实质性影响，即使该场比赛已按正常程序开始，仍应由赛道裁判长发出中止比赛指令，召回至起点重新比赛。

五、终点

1. 龙舟的前部须设赛道编号牌。龙舟（龙头）最前端通过本赛道终点线才被视为划完全程。由终点裁判员根据龙舟通过终点线的先后顺序判定名次。

2. 名次相同。若同场比赛中有两条或两条以上的龙舟同时到达终点，除了涉及第一名需重赛外，其他名次可并列，以下相应名次空出。因名次相同，且影响下一轮次晋级名额时，将由总裁判长根据实际情况指令相同名次的队进行重赛或抽签以确定晋级资格。

3. 时间相等。当同轮次比赛中有两支或两支以上的参赛队比赛时间相等，且超出晋级名额时，将由总裁判长根据实际情况指令相同时间的队进行重赛或抽签以确定晋级资格。

4. 龙舟通过终点后，应即刻返回登舟平台接受裁判员的检查和交还器材，未经检查的赛队不得上岸，不得与外界接触。待裁判员检查完毕，运动员上岸后，参赛队才被视为完成该场比赛。

5. 发生下列情况即视为终点及赛后犯规，该队成绩无效，并被取消比赛名次：

（1）参赛龙舟未从本赛道内通过终点。

（2）直道赛中，超过限时规定的时间未到达终点（见表7-2）。

表 7-2　各项目限时规定的时间

项目	100 m		200 m		300 m	
	公开/男子	女子/混合	公开/男子	女子/混合	公开/男子	女子/混合
22人（23人）	30″	35″	1′00″	1′10″	1′30″	1′40″
12人	35″	40″	1′10″	1′20″	1′40″	1′50″
项目	500 m		800 m		1000 m	
	公开/男子	女子/混合	公开/男子	女子/混合	公开/男子	女子/混合
22人（23人）	2′20″	2′40″	3′50″	4′20″	4′50″	5′30″
12人	2′50″	3′10″	4′30″	5′00″	5′40″	6′20″

注：其他项目的限时规定按具体实际情况确定。

第三节　龙舟竞赛安全

一项赛事的安全问题往往成为赛事成功与否的关键，龙舟竞赛是一个复杂的管理系统，需要赛事组织者、竞赛参与者、安全保卫者、交通管理者等各竞赛主体积极配合与互相协调，从往返赛场的交通组织、比赛过程的防溺水安全保护、观众文明观赛等各安全环节，积极筹备、组织和运行，以保障竞赛的顺利进行。

一、主体责任

1. 中国龙舟协会高度关注参与龙舟比赛包括各参赛队、裁判员、工作人员在内的所有人员的安全，全面做好安全保障工作。
2. 各承办单位必须承担赛事期间的安全责任。
3. 各参赛队必须自行购买所有人员的人身意外保险。
4. 各参赛队领队、教练员和队长应将安全参赛的相关规定落实到位，在比赛中队长须负责该队所有运动员的安全管理工作。

二、安全保障与职责

1. 水上安全保障

（1）中国龙舟协会主办的各类赛事，承办方必须提供水上安全保障。

（2）大会应设安全主任和安全员。安全主任和安全员由承办单位挑选并培训合格后方能上岗。

（3）在安全主任、救生艇和赛道裁判员艇之间建立有效的通信联动系统，确保比赛期间及时开展救生工作。

（4）大会提供设备齐全的救生艇和个人救生设备，并配备有专业资质的救生员。

2. 安全主任和安全员的职责

（1）制定整个赛事安全系统的运作程序及意外情况发生时的应急处理预案。

（2）参加领队、教练员及裁判长联席会议，由安全主任讲解赛事安全运作程序及应急工作预案。

（3）比赛前，负责收集各参赛队运动员的相关资料（包括游泳技术不佳运动员及任何已知的病历记录），以便及早掌握各参赛队运动员的基本情况。

（4）及时清点各参赛队登舟和上岸的运动员人数，尤其是在比赛发生人员落水获救上岸情况时,安全员应即刻清点人数。在确知人数齐全后,方可召回参与救生的船艇。

(5) 比赛期间如出现特殊情况,且继续比赛会影响参赛者的健康和安全,安全主任应及时建议总裁判长采取措施,延期或取消比赛。

(6) 负责比赛中参赛者的一切安全事宜,确保安全措施的落实。

三、安全机构及设备

1. 医疗及救生服务站

(1) 比赛期间,大会设水上和陆上医疗及救生服务站。医疗及救生服务站由承办单位提供,并对参加医疗及救生服务的人员进行培训。在赛前训练和比赛期间安排有资质的救生员、1名医生和2名护士在现场值班。

(2) 比赛期间,救生员应不晚于开赛前30 min到达岗位,医护人员应不晚于开赛前15 min到达岗位。

2. 救生艇

比赛期间应准备至少4艘救生艇,以便施救落水的运动员。救生艇须在赛场指定地点值班,随时准备施救。10 km及以上距离的赛事(如拉力赛等),还须配备一艘大型水上救护船,船上配备相应医护人员和救护医疗设备。

3. 救生衣

大会为所有参赛运动员提供救生衣。

四、代表队安全

1. 运动员按龙舟竞赛规则"第11条参赛资格"条款执行。

2. 各参赛队应完全了解赛事条例、竞赛规则和竞赛规程中的所有比赛安全的相关事项,报名时须与主办单位签署安全责任书,并确保所有运动员遵守安全规定。

3. 运动员的服装按龙舟竞赛规则"第13条服装要求"条款执行。比赛时,原则上要求队员着救生衣参加比赛。除特殊情况(如天气原因、水域原因等),若领队、教练员、队长在签署安全责任书时,明确签署该队全体运动员统一不穿救生衣参赛,该队方可不穿救生衣参赛。青少年组的比赛,任何情况下运动员均须穿救生衣参赛,否则将不准予登舟比赛。

4. 运动员在比赛期间,身体和精神状况应适宜比赛。若在比赛中出现严重伤病,一经发现,裁判员有权立即中止比赛,强制其接受大会提供的医疗救护。

5. 危险信号旗帜：

（1）每条龙舟均需携带两面黑色旗帜（一面在船首，另一面在船尾）作为危险信号旗帜。当有运动员不慎落水或因其他情况需发出"危险信号"时，由队员挥舞旗帜或两手侧平举在头上方交叉挥动，发出求救信号直至救生船回应。

（2）无故发出求救信号的赛队将被取消比赛资格。

五、划行安全

1. 赛道内严禁逆向划行。

2. 绕标赛、追逐赛的赛前训练和比赛中，龙舟均须按逆时针方向划行。

3. 超越的龙舟应与被超越的龙舟至少保持 4 m 的水面距离，不允许从被超越龙舟前面划过。

4. 比赛中，向终点划行的龙舟严禁横切赛道，抵达终点后不得突然变向转弯，避免与其他龙舟发生安全事故，确保安全。

5. 在自然水域进行的拉力赛，组委会有责任对赛道进行封闭和管理。危及安全的漩涡、暗涌、暗礁等水域情况必须有鲜明的标识或派专人导航。

6. 凡违反划行安全规定的赛队，经警告不服从者，被取消比赛资格。

第四节　龙舟赛事组织与管理

龙舟赛事包括审批、筹备、组织、竞赛、服务等过程，组织者需要熟悉竞赛过程管理的流程，协调好竞赛过程中的人、财、物、技术、信息等管理资源，组织好赛前、赛中、赛后各竞赛环节，以保障赛事安全、顺利、高效地举办。

一、赛事申请与审批

（一）申请承办龙舟赛事的资格主体

申请承办龙舟赛事的主体必须是具备独立法人资格的机构或团体（企业、部门）、县级以上人民政府及其职能部门。

（二）申请承办龙舟赛事的程序

申请承办省级龙舟赛事，必须由省级体育部门或体育部门的授权机构同意，并报中国龙舟协会秘书处备案。

申请承办全国龙舟赛事的报告必须经省级体育部门签署意见后，方可向中国龙舟协会秘书处申报，再由中国龙舟协会向国家体育总局提交审批，在得到国家体育总局同意批复后才获得承办比赛资格。随着改革的深入，赛事申请程序将进一步简化。

（三）申请承办龙舟赛事报告的内容

一般于比赛前一年的8月之前报中国龙舟协会申请承办龙舟赛事，申请报告包含下列详细信息：（1）竞赛目的；（2）竞赛名称及规模；（3）竞赛时间、地点；（4）竞赛组别、项目；（5）水域情况及航道说明；（6）所用龙舟种类；（7）经费来源简介；（8）联系人姓名、地址、电话、传真、电子邮箱。

（四）对申请承办龙舟竞赛单位的考察和评估

有关部门在接获申请报告后，将派出一名协会官员和技术代表对赛区进行实地考察。中国龙舟协会官员和技术代表对赛区的考察程序一般为听取汇报，了解情况，考察场地，看器材，抽查一两家宾馆，交换意见。时间为两天。为此，申请单位应做好充分的准备。汇报材料的内容包括筹备机构的组成人员情况、对赛场修建和布置的意见、器材准备的情况、运动队及官员的住宿安排、交通运输的设想、安全保卫工作的方案等，并提供赛场平面图并准备好回答有关其他工作方面的问题（宣传、接待、开闭幕式、大型活动、食品卫生等）。赛前2个月，有关部门可再次派出一名技术代表具体指导赛区筹备工作，以保证比赛完全符合规程和规则的要求。

二、赛事筹备与组织

（一）筹备与组织工作的内容

从接到有关部门的批复后，赛区即刻成立筹备委员会。筹备委员会一般下设办公室、竞赛部、交通部、接待部、安全保卫部、宣传部，以及根据活动需要另外设立大型活动部等相关机构，并配备相应人员，制订工作计划和工作流程。而作为比赛的重要部门，竞赛部的工作则要围绕如何保证比赛顺利进行来开展。除制订详细的计划和工作流程外，最主要的工作有以下几项。

1. 尽快请示批准比赛的机构，下发竞赛规程，对比赛的时间、地点、项目、参加办法、竞赛办法、奖励标准、参赛人员及报名报到、离会、经费和其他规定，尽快确定落实，除发给有意参加比赛的队伍外，还可在相关网站上公布，在报名日期截止前，再次确认参赛队伍。

2. 定制器材。除非另有规定，一般龙舟赛事的器材需要到中国龙舟协会认定的厂家定制，以保证比赛器材的质量和标准。

3. 与交通、安保、接待及其他部门协调，就有关运动队的食宿、交通和安保等工作做好预案，并确定专人负责。

4. 落实奖牌和奖品。奖牌和奖品的式样没有严格规定，但需体现本次比赛的要求。

5. 做好场地及航道的布置，按规则要求严格把好场地布置关。

6. 除上级指派的裁判员外，还需做好本地裁判员的选调和培训工作。一般来讲，赛前在技术代表考察场地时，最好能给本地裁判员做一次短期的培训，时间为 1 天或 1.5 天。

7. 如有开幕式，还需安排运动队的入场和入场后的比赛等协调工作，指定专人负责，反复论证运动队登舟码头和参加开幕式的地点距离、开幕式需要的时间、路途需要的时间、运动队的准备活动时间、抽签及登舟再到起点需要的时间，对开幕式后的比赛是否会造成影响。

8. 根据龙舟竞赛规则的要求，计算出比赛所需要的各种裁判员器材和表格，提前购置和制作，并按各裁判员组工作需要分别装袋，待所有裁判员报到后，一并交裁判员组使用。

9. 制定颁奖方案，除非另有规定，一般安排在每次决赛后当场颁奖。

10. 从竞赛筹备工作一开始，就需安排一名专人负责接听电话、收发传真，负责答复有关竞赛队伍和新闻单位的信息，对所有的资料进行收集和整理。一般情况下资料不外借，若需借用要履行手续，用后归还，赛后一般归档。

11. 准备好有关会议的场地、布置、资料，参加人员的通知、报到，以及有关领导的讲话稿。

（二）筹备与组织工作的程序

1. 中国龙舟协会根据承办方申请报告中的竞赛规模、参赛队伍数量及赛事性质，提供办赛计划书。

2. 申请办赛单位在取得中国龙舟协会同意获得举办比赛资格后，需与中国龙舟协会或指定单位签署办赛协议。在协议中确定比赛的时间、地点、性质、捐款数目，同时明确比赛中双方的责、权、利关系。

3. 中国龙舟协会赛前 3 个月确定参赛队伍、人员数量及区域，并制作竞赛通知或邀请函及竞赛规程（一般时间安排为报到 1 天、训练 1 天、比赛 2 天、离会 1 天）下发到各省市体育部门及相关组织。

4. 承办方赛前 2 个月开始成立筹备委员会及相关办事机构，确定工作任务、方案及时间安排。

5. 赛前1至2个月，中国龙舟协会可派人前往赛区检查筹备情况。

6. 赛前1个月主承办双方商定比赛组委会名单。

7. 承办方需在赛前15天将开幕式、闭幕式方案及颁奖方案报给中国龙舟协会审核。

8. 承办方负责制定和实施安全保卫措施，比赛开始前1周制作秩序册、奖杯、奖牌及相关证件。

9. 赛前1至2天总裁判长抵达赛区，指导赛场布置、比赛器材检查等相关事宜。赛前1天组织裁判员及辅助裁判员开始实习。

10. 比赛结束后，赛区还需写出竞赛工作总结报给上级有关部门，并向中国龙舟协会秘书处寄出20套秩序册和成绩册，向省级龙舟主管部门寄出5套秩序册和成绩册，向市级龙舟主管部门寄出3套秩序册和成绩册。

三、竞赛规程

竞赛规程是竞赛活动的指南，它包括比赛时间、主办单位、承办单位、邀请对象、竞赛项目、竞赛办法、运动员资格、参加办法、录取名次与奖励、确认和报名、经费等要素。

四、赛前组织与管理

由于龙舟赛事组织具有临时性的特点，赛事的组织与管理者由举办城市政府、国家体育总局社会体育指导中心、中国龙舟协会及选调的来自全国各地的国际级、国家级裁判员组成，因此，赛前准备有以下具体工作。

（一）检查场地器材

包括龙舟、航道的布置、登舟码头、途中用艇、起航平台、起点发令台、发令装置、检录与起点音像、对讲机、运动员休息区、终点裁判员塔及各岗位需要的器材等。

（二）辅助裁判员与志愿者培训

裁判长赛前组织辅助裁判员与志愿者学习《龙舟竞赛规则》与裁判员法，使他们熟悉龙舟竞赛流程。除了理论学习以外，还按照岗位进行分工。

（三）裁判员实习

根据竞赛规则的要求，严格按照竞赛流程要求裁判员进行实习，加强各岗位之间的衔接与合作，特别是检录与器材，起点、终点与途中裁判员的沟通，确保比赛的流畅、顺利。并且根据场地器材的情况，对于可能发生的突发事件做好预案。

（四）裁判员、教练员与领队联席会议

会议上由主办单位介绍赛事筹备情况及当地的民俗风情，由总裁判长介绍龙舟场地的水域、航道、规则的尺度、开幕式的要求、申诉、比赛办法、编排方法等。最后，由裁判长组织各项目的分组抽签。

（五）组织龙舟代表队赛前训练

赛前训练的目的是让各运动队通过训练来适应场地、熟悉水域情况，减少比赛过程中的风险。

五、赛中组织与管理

龙舟竞赛的裁判员岗位包括编排、检录、器材、起点、途中、终点六个岗位，各岗位密切配合。

（一）编排

编排的任务是根据分组抽签表填写比赛秩序单，根据终点报过来的成绩，将各组编入复赛、半决赛、小决赛、决赛，同时填写比赛秩序单。如果规程上规定按成绩进入航道，在填写每一轮赛事的比赛秩序单时，应按照上一轮的比赛成绩编入航道。同时，填写成绩报告单，并在成绩栏上公布。

（二）检录

检录的基本任务是进行预赛航道抽签。复赛、半决赛、小决赛、决赛时，根据龙舟竞赛规程的要求，可以进行航道抽签或按成绩编入航道。提前 30~40min 检录，核对参赛人数，审查运动员资格。确认无误后，有秩序地组织运动员到登舟码头。

（三）器材

比赛前将龙舟比赛所需要的备用桨、水漂、鼓槌等安放在相应的位置。根据码头的状况，按照一定的规律排列多组龙舟；接到由检录带来的参赛队伍后，按照引导牌上所显示的数字，登上相应航道牌数字的龙舟；等全部队伍登舟完毕后，按照一定的顺序离开登舟码头，驶向起点。

（四）起点

起点于赛前 5min（或 3min）组织各队进入航道，赛前 3min（或 2min）开始点名，确认队伍和航道是否一致，赛前 2min（或 1min）开始取齐。取齐后进入发令程序，口令为"各队注意—预备—划"或"各队准备，5—4—3—2—1—划"。运动队出发后，要与终点联系是否收到信号，如果没有收到信号，要组织第二次发令，口令为"5—

4—3—2—1—划"。起点还要根据情况对抢航犯规的运动队给予黄牌警告或者取消资格的处罚。协助途中进行水面安全及运动队的管理。

（五）途中

途中负责整个水上的管理工作，包括比赛期间航道与水上设备器材等的管理；配合器材、起点与终点等岗位进行裁判员工作；对参加比赛的各个队伍的一个赛次的整个过程进行监管；出现抢航时负责途中拦截；负责水上各裁判员的接送；负责监管水上安全，协助救生艇处理水上安全事故；发生串道或龙舟相撞时，根据龙舟竞赛规则，填写途中报告单。

（六）终点

终点负责比赛成绩记录与名次判定，填写成绩报告单，确认比赛成绩与名次无误后，将成绩报告单交给相关人员编排；与起点沟通，注意接收起点的发令信号；通告起点是否接收到信号，如果没有收到信号，组织第二次发令或由途中送表；协助途中进行终点附近水域的管理。

六、竞赛保障与服务

（一）交通

1. 抵离交通服务：比赛期间，为运动员及随队官员提供抵离口岸至居住地班车服务。

2. 比赛交通服务：按照竞赛日程，为参加比赛的运动员及随队官员提供酒店至相应比赛场地的班车服务。

3. 训练交通服务：按照训练日程，为参加训练的运动员及随队官员提供酒店至训练场地的班车服务。

4. 开幕式、闭幕式交通服务：在开幕式、闭幕式当天，为参加开幕式、闭幕式的运动员及随队官员提供酒店至开幕式、闭幕式场地的班车服务。

5. 随行行李运输服务：运动员及随队官员的随行行李原则上通过所乘车辆的空间（空余座位、行李仓）随车运输；如所乘车辆空间不足，则安排行李车运输。

6. 总局领导、技术代表、总裁判长等交通服务：提供中国龙舟协会领导、技术官员、总裁判长、副总裁判长、裁判员（大约12人）往返赛区交通（机票等）费用。比赛期间为中国龙舟协会领导、技术官员、总裁判长、副总裁判长、裁判员配备专用的小轿车和中巴服务。龙舟比赛期间所使用的车辆应保持内、外饰整洁，空调等功能良好。

(二)住宿

比赛期间必须为各省、市运动员和随队官员,以及中国龙舟协会领导、技术代表、总裁判长、副总裁判长、裁判长、裁判员等提供相应规格的酒店住宿。

(三)补贴

比赛期间根据赛程安排和有关规定发放工作补贴。

(四)媒体采访和混合区

比赛场地设立混合区,以方便运动员和各类媒体接触。运动员在比赛结束后必须经过混合区,但没有义务必须回答媒体记者的提问。每位记者将在1min内完成采访。龙舟比赛组委会和竞赛部门将提供必要的配合和帮助,以保证运动员在比赛结束后顺畅地通过混合区。

(五)新闻发布会

原则上每场决赛结束后,组织赛后新闻发布会,获得前三名的运动队的教练和领队出席新闻发布会,运动员可视情况参加。参加新闻发布会的人员将由组委会组织引导入场。

(六)医疗服务

竞赛场地和酒店设置运动员医疗站,由专职医护人员组成服务团队,并配有急救车现场待命,在竞赛场和训练场地正式开放期间为所有呼救人员提供现场医疗急救服务。对急诊病人提供24h急救服务,现场急救车将提供急救转运支持,任何需要进一步明确治疗的人员将被转运至龙舟赛事承办方定点的医院。

(七)气象服务

举办方提供比赛期间的气象信息。

参考文献

[1] 蒋广学,朱剑.世界文化词典[M].长沙:湖南出版社,1990.

[2] 陈连朋,王岗.凤舟竞渡的起源、流变及其体育价值释义[J].首都体育学院学报,2019,31(3):230-234.

[3] 陈连朋,李焕玉,王岗.凤舟竞渡探源[J].体育文化导刊,2017(5):166-170.

[4] 郭璞.山海经 穆天子传[M].长沙:岳麓书社,1992.

[5] 陈连朋,杨海晨.中国古代鸟舟竞渡源流的史料取证及考辨:兼论中华竞渡文化起源与谱系[J].西安体育学院学报,2022,39(2):204-213.

[6] 单慧.从行舟到龙舟:刍议龙舟的发展源流及其设计特点[D].苏州:苏州大学,2013.

[7] 崔乐泉.中国民族传统体育学[M].北京:科学出版社,2018.

[8] 潘年英.赛龙舟习俗的原始意义考[J].中南民族大学学报(人文社会科学版),1992,12(2):19-22.

[9] 林伯原.论中国岁时和礼仪民俗中的传统体育[J].北京体育学院学报,1993(1):12-19,49.

[10] 刘秉果.卢肇的龙舟竞渡诗[J].体育与科学,1994,15(5):43.

[11] 王俊奇,饶绍振."竞龙舟"与民俗文化[J].体育文史,2001(3):53-54.

[12] 陈丽珠.中国龙舟活动的发展及"龙"文化特征[J].天津体育学院学报,2002,17(1):77-78.

[13] 倪依克.当代中华民族传统体育发展的思考:论中国龙舟运动的现代化[J].体育科学,2004,24(4):73-76.

[14] 胡娟.我国民俗体育的流变:以龙舟竞渡为例[J].体育科学,2008,28(4):84-96.

[15] 王凯珍,胡娟,杨风华.我国龙舟竞渡发展研究[J].体育文化导刊,2010(3):110-113.

[16] 陈连朋,杨海晨.凤消龙长:中华竞渡文化渊源流变的历史考略[J].北京体育大学学报,2021,44(2):145-156.

[17] 江立中.龙舟运动发展的三种基本形态[J].湘潭大学学报(哲学社会科学版),1999(6):97-99.

[18] 于秋生，李宇树，徐宏兴，等.现代龙舟运动发展特点及其无形资产的开发与利用［J］.山东体育学院学报，2008，24（9）：34-36.

[19] 李洪玉.我国龙舟运动发展分析［J］.体育文化导刊，2009（7）：152-154.

[20] 隋文杰，王永顺.论竞技龙舟运动的现实困境与发展出路［J］.体育文化导刊，2018（7）：67-71.

[21] 郑文海，杨建设.我国端午龙舟竞渡与体育比赛结合现状及策略：兼论传统龙舟竞渡与现代竞技龙舟运动的发展［J］.西安体育学院学报，2007，24（5）：42-44.

[22] 冯宏伟.新时代农村地区民俗体育的发展：形式、局限与路径［J］.北京体育大学学报，2018，41（10）：125-132.

[23] 张一龙，周次保.龙舟运动现代转型中的继承与创新［J］.武汉体育学院学报，2014，48（8）：54-57.

[24] 周次保，刘明，张可.龙舟文化论［M］.北京：中国纺织出版社，2017.

[25] 王若光，刘旻航."飞龙在天"：端午龙舟竞渡习俗考源［J］.民俗研究，2013（6）：50-55.

[26] 童杰，龚缨晏.井头山遗址在世界史前史研究中的意义［J］.浙江社会科学，2022（5）：137-141，160.

[27] 张伦笃.帝王与龙舟［J］.紫禁城，2002（1）：4-9.

[28] 沈约.宋书（上）［M］.刘韶军，等校点.长沙：岳麓书社，1998.

[29] 杜公瞻.编珠·卷四［M］.清康熙三十七年（1698年）刻本.

[30] 宗懔.荆楚岁时记［M］.宋金龙，校注.太原：山西人民出版社，1987.

[31] 田兆元.论端午节俗与民俗舟船的谱系［J］.社会科学家，2016（4）：7-13.

[32] 魏徵，令狐德棻.隋书·炀帝纪上［M］.北京：中华书局，1973.

[33] 洪湖市地方志编纂委员会.洪湖县志［M］.武汉：武汉大学出版社，1992.

[34] 刘天吉.竞渡［J］.二中期刊，1933（3）：34-35.

[35] 杨淑云.龙舟竞渡［J］.二中期刊，1933（3）：32-34.

[36] 竞渡中之大械斗［N］.新闻报，1931-06-21（1）.

[37] 胡娟.龙舟竞渡流变历程中的现代发展［D］.北京：北京体育大学，2007.

[38] 马明达.澳门的龙舟运动［J］.体育文化导刊，2006（1）：87-89.

[39] 张明军.龙舟历史文化与发展现状研究［D］.兰州：西北民族大学，2010.

[40] 范佳元，等.龙舟：划出人生精彩［EB/OL］.人民网.（2017-06-16）［2023-03-18］.http：//sports.people.com.cn/n1/2017/0616/c14820-29342782.html.

[41] 中共中央宣传部.习近平新时代中国特色社会主义思想三十讲［M］.北京：学习出版社，2018.

[42] 曲永鹏，聂晓梅.龙舟运动的职业化发展困境与对策研究［J］.科技资讯，2019，17（36）：227，229.

[43] 王赛时.唐代的竞渡[J].体育教学与科研,1985(3):58-60.

[44] 崔乐泉.中国古代的龙舟竞渡[J].江汉考古,1990(2):91-96.

[45] 万建中.龙舟竞渡活动的历史渊源[J].体育文化导刊,1995(3):44-46.

[46] 任海.中国古代体育[M].北京:商务印书馆,1996.

[47] 何根海.端午龙舟竞渡的新解读[J].历史月刊,2002(173):76-81.

[48] 郝勤.体育史[M].北京:人民体育出版社,2006.

[49] 体育史编写组.体育史[M].北京:北京体育大学出版社,2014.

[50] 张伦笃.当代中国龙舟:献给共和国成立四十周年[J].体育文化导刊,1989(2):4-7.

[51] 杨琇绿.龙舟文化探源[J].广西民族大学学报(哲学社会科学版),1994,16(1):32-37.

[52] 向军,张智."礼物"与"商品"兼容:民俗体育产业化的二重性特征:基于湖南麻阳民间龙舟赛的田野考察[J].北京体育大学学报,2022,45(4):121-133.

[53] 江立中.屈原与龙舟文化[J].云梦学刊,1993,14(1):6-7.

[54] 姚正曙,何根海.龙舟竞渡的起源探析[J].成都体育学院学报,2000,26(6):36-38.

[55] 陈礼荣."中国荆州龙舟文化研讨会"综述[J].学术月刊,2001(7):110-112.

[56] 王俊奇.试论我国岁时体育的文化特征[J].北京体育大学学报,2001,24(3):302-304.

[57] 谭华.体育史[M].北京:高等教育出版社,2005.

[58] 程鹏.我国古代的龙舟风俗[J].兰台世界,2012(31):76-77.

[59] 倪依克,孙慧.中国龙舟文化的社会品格[J].成都体育学院学报,1998,24(3):16-20.

[60] 杨罗生.驾起承载雅俗文化的龙舟:论龙舟竞渡的起源及其文化意义[J].衡阳师范学院学报,2005,26(5):27-31.

[61] 王明东,张亚芝,李四玉.试析汨罗龙舟竞渡文化的传承与演变[J].思想战线,2008,34(2):139-140.

[62] 黄丽云.龙舟文化等同政权符号:屈原崇拜与竞渡之国际比较[J].云梦学刊,2010,31(4):54-60.

[63] 刘会平.论举办"中华龙舟大赛"的积极作用[J].中华文化论坛,2015,7(7):83-86.

[64] 孔繁敏.从龙舟赛艇发展看中西体育文化差异[J].体育文化导刊,2008(9):85-87.

[65] 于秋生,李宇树,徐宏兴,等.现代龙舟运动发展特点及其无形资产的开发与利用[J].山东体育学院学报,2008,24(9):34-36.

[66] 戴福祥.现代龙舟运动发展的文化审视:从《边城》中真实的赛龙舟出发[J].成都体育学院学报,2011,37(11):49-52.

[67] 隋文杰,王永顺.中华龙舟运动海外发展的困境与出路:基于全球华人龙舟培训班学员的调查[J].体育文化导刊,2017(9):15-19.

[68] 黄金葵.现代龙舟赛去仪式化现象的人类学反思[J].首都体育学院学报,2017,29(1):21-25.

［69］文新.雄王时代［M］.河内：越南科学出版社，1976.

［70］君岛久子.贵州清水江苗族的龙舟竞渡［J］.张真，译.贵州文史丛刊，1985（5）：52-56.

［71］小松原涛.天草のペーロン志［M］.長崎：天草民報社，1985.

［72］小松原涛.ペーロンの祭日について［M］.長崎論（第四十辑），1988.

［73］LEE，H W M，KWAN，H H，CHENG B F C et al.A novelty universal adaptive seating system for dragon boating［J］. Posthetics and Orthotics International，2012，36（3）：361-365.

［74］LI Y，LIU P H.Artificial intelligence-based real-time signal sample and analysis of multiperson dragon boat race in complex networks［J］. Complexity，2022（2022）.

［75］FONG A J，SAXTON H R，KAUFFELDT KD et al. We're all in the same boat together：Exploring quality participation strategies in dragon boat teams for breast cancer survivors［J］. Disability and Rehabilitation，2020，43（21）：3078-3089.

［76］MCDONOUGH M H，SABISTON C M，et al.The development of social relationships，social support，and posttraumatic growth in a dragon boating team for breast cancer survivors［J］. Journal of Sport &Exercise Psychology，2021，33（5）：627-648.

［77］黄丽云.龙、船、水与端午竞渡：龙神信仰的文化符号［M］.北京：社会科学文献出版社，2018.

［78］陈莉.吴越龙舟竞渡文化的一个视角：温州龙舟文化的历史演进［J］.沈阳体育学院学报，2009，28（4）：125-128.

［79］刘婷，王喆.试论近代端午文化空间重构的爱国主义逻辑［J］.青海民族研究，2022，33（2）：7-12.

［80］张浦强，刘辉.九江学院龙舟运动员体质特征研究［J］.赤峰学院学报（自然科学版），2012，28（3）：158-160.

［81］刘德琼.龙舟运动员某些生理特点的研究［J］.广州体育学院学报，2001（2）：45-47.

［82］李红梅."嘉庚杯""敬贤杯"海峡两岸龙舟赛研究［J］.首都体育学院学报，2013，25（5）：446-449.

［83］李美军.汨罗市屈子祠镇："党建＋产业"推动镇域经济高质量发展［N］.岳阳日报，2019-03-29（001）.

［84］陈丽珠，薛可，郑秀琳.民族传统体育文化产业的创建：以龙舟活动为例［J］.沈阳体育学院学报，2011，30（2）：130-133.

［85］张可，刘琳，旷景沂.龙舟文化对促进湘北地区体育旅游文化产业发展研究［J］.商业经济，2022（6）：41-43.

［86］闫琪.优秀女子曲棍球运动员功能性体能训练方法体系的构建与实证研究［D］.石家庄：河北师范大学，2013.

［87］袁鹏，吴翠娥，朱晓梅.等速测力评价柔道运动员伤后力量特征及应用［J］.体育科研，

2010, 31（6）：27-28.

［88］NOFFAL G J.Isokinetic eccentric-to-concentric strength ratios of he shoulder rotator muscles in Throwers and Nonthrowers［J］.Am J of Sports Med, 2003, 31（4）：537-541.

［89］CAILLIET R. The shoulder in hemiplegia［M］.Philadelphia：FA Davis Co, 1980.

［90］Kim SAMSONKM, SANDREY M A, et al, Michllea. A core stabilization training program for tennis athletes［J］.Athletic Therapy Today, 2007, 12（3）：41-46.

［91］陈雷,李庆雯,徐冬青,等.核心肌力康复训练对龙舟运动员慢性非特异性腰痛的影响分析［J］.中国体育科技, 2018, 54（1）：99-104.

［92］徐树礼.中国大学生龙舟男子500 m直道途中坐姿划桨技术的运动学分析［J］.河北体育学院学报, 2012, 26（6）：78-81.

［93］Prentice W E. Arnheim's principles of athletic training：A competency-based approach［M］. 2003.

［94］田振华,吴晓峰,李云勇,等.我国高校龙舟优秀运动员体能特征及其评价模型的研究［J］.北京体育大学学报, 2008（10）：1437-1440.

［95］师文月.初论竞技运动训练之运动链、运动弱链及其功能危机［J］.山东体育学院学报, 2013, 29（1）：100-103.

［96］刘贵博,刘溥.龙舟运动员运动伤病防治及康复性体能训练研究［J］.现代交际, 2015（12）：107-108.

［97］杨琳.龙舟运动员运动损伤的特点及防治原则［J］.成都体育学院报, 1994, 20（S1）：71-74.

［98］王梁,赵焕彬.柔道运动员肩关节习惯性脱位术后功能性康复训练效果：1例报道［J］.中国康复医学杂志, 2018, 33（1）：102-104.

［99］KING M A. Core stability：Creating a foundation for functional rehabilitation［J］.Athletic Therapy Today, 2000, 5（2）：6-13.